21堂女性法律课

你的底气，源于自己

李兴霞 编著

中国工人出版社

图书在版编目（CIP）数据

21堂女性法律课：你的底气，源于自己 / 李兴霞编著.
-- 北京：中国工人出版社，2020.9
ISBN 978-7-5008-7481-2

Ⅰ.①2… Ⅱ.①李… Ⅲ.①法律—中国—通俗读物 Ⅳ.①D920.5

中国版本图书馆CIP数据核字（2020）第174981号

21堂女性法律课：你的底气，源于自己

出 版 人	王娇萍	
责 任 编 辑	李 丹　李思妍	
责 任 印 制	栾征宇	
出 版 发 行	中国工人出版社	
地 　　址	北京市东城区鼓楼外大街45号　邮编：100120	
网 　　址	http://www.wp-china.com	
电 　　话	（010）62005043（总编室）	
	（010）62005039（印制管理中心）	
	（010）82075935（职工教育分社）	
发 行 热 线	（010）62005996　82029051	
经 　　销	各地书店	
印 　　刷	三河市东方印刷有限公司	
开 　　本	880毫米×1230毫米　1/32	
印 　　张	7.5	
字 　　数	128千字	
版 　　次	2021年1月第1版　2021年4月第2次印刷	
定 　　价	42.00元	

本书如有破损、缺页、装订错误，请与本社印制管理中心联系更换
版权所有　侵权必究

目 录

前　言　/　001

01　财产被控制？不离婚也能分割！　/　001

02　想把血汗钱给"小三"？没门！　/　010

03　夫妻财产纷争不断？财产约定来叫停！　/　020

04　虚假离婚？小心弄假成真！　/　032

05　冒用他人名义登记结婚？不受法律保护！　/　044

06　结婚不领证？同居关系有风险！　/　052

07　早生还是晚生？我的子宫我做主！　/　061

08　就这么默默忍受？家暴并非家务事！　/　071

09　忙到没时间？还得常回家看看！　/　084

10　父母想再婚？早做财产安排！　/　093

11　重男轻女？女儿也有继承权！　/ 104

12　丧偶后有无继承权？关键看赡养与否！　/ 114

13　再婚后财产继承怎么办？关键看有无抚养关系！　/ 124

14　离婚后想看子女怎么办？探望权用起来！　/ 136

15　性教育难以开口？让孩子远离恶魔！　/ 145

16　遭遇职场性骚扰？要敢于说"不"！　/ 159

17　失业权益有哪些？不要漏了补偿金！　/ 169

18　无法享受工伤保险待遇？关键看是不是劳动关系！　/ 184

19　安排重体力劳动？特殊劳动保护来护驾！　/ 196

20　怀孕被辞退？单位支付赔偿金！　/ 207

21　必须上夜班？哺乳期大忌！　/ 222

前 言

作为一名执业律师，15年来，我代理了各种各样的诉讼案件。近年来，由于专注于弱势群体权益维护，我接触了很多女性朋友，她们或者是自己遇到了问题，或者是自己的家人遇到了问题，但无论是谁遇到了问题，女性在寻求法律援助的过程中都起着积极参与的作用。一方面，我非常欣慰这些女性朋友愿意拿起法律武器来维护自己或家人的权益；另一方面，我也很遗憾这些女性朋友并不了解与自身问题相关的法律常识。

随着我国法律制度的不断完善，每个人的法律知识都需要不断更新。于是，我决定将执业15年来代理过的与女性相关的典型案例汇集、改编、解读，以帮助更多的女性朋友提高法律意识、增加法律常识。

在阅读本书时，读者会发现在某些文章中，"律师谈一谈"模块提及的司法判决法律依据与"法律这样说"模块罗列的法律条文有所不同。这是因为本书写于《中华人民共和国民法典》与各种单行法衔接期间，书中大部分案件的发生时间是2017—2019年，其司法判决所依据的法律有《中华人民共和国婚姻法》《中华人民共和国继承法》《中华人民共和国收养法》《中华人民共和国侵权责任法》《中华人民共和国物权法》《中华人民共和国民法总则》等单行法；2020年5月28日，十三届全国人大三次会议表决通过了《中华人民共和国民法典》，将上述法律进行部分修改后汇编到其中；2021年1月1日，《中华人民共和国民法典》施行后，上述法律将被废止。

在此特别说明，司法机关只能适用已生效的法律、法规来裁决案件，已颁布但没有生效的法律、法规不能用来裁判当下的案件，即"法不溯及既往"。

因此，本书在对案件进行描述和分析时，如果涉及将要废止的法律规定，仍然列出当时判决所依据的法律条文，但在解读以后生活中可能遇到的与案件主题相关的问题时，列出的相关法律条文是将于2021年1月1日生效施行的《中华人民共和国民法典》的内容，并将两者做了对照，既方便读者了解相关法律规定的变化，又能让读者为自己遇到的现实问题找到现行有效的法律依据。

需要注意的是，《中华人民共和国民法典》施行以后，还会颁布相应的司法解释、衔接适用规定等。如果本书与新的司法解释和适用规定不一致，应以新的司法解释和适用规定为准，我们也会及时对本书进行修订改正，让读者掌握最新的法律知识。

本书虽然从法律维权角度讲述了21个主题，希望为女性朋友提供常见问题的法律知识解读和运用，提高女性朋友的法律素养，让女性朋友在出现纠纷时知道司法解决的底线与途径，提升女性朋友的底气，但绝没有调词架讼之意，也不鼓励女性朋友一遇到问题尤其是生活中的非原则性问题就采用法律这种"刚性"方式来解决。毕竟，法律是维护公平正义的最后一道防线。

在工作和生活中遇到各种问题和矛盾是不可避免的，女性朋友在面对不同的问题时，应该因人而异、因事制宜地去解决，尤其要加强沟通、换位思考；自己无法解决时，可以选择居间调解，其效果可能会好于司法诉讼。

人生难免磕磕碰碰，只有以平和的眼光看待生活，日常琐碎才有可能充满诗意。身为女性，我希望与更多的女性朋友一道努力奋进，优雅、睿智、从容地过好每一天。期待与广大女性朋友共同成长，祝愿每一个人都能遇见更好的自己。

由于笔者水平有限、成书仓促，书中错误在所难免，不当之处真诚欢迎各位读者批评指正。

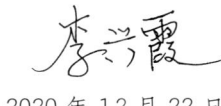

2020年12月22日

01 财产被控制？不离婚也能分割！

张琴和李炜结婚30年来，家庭收入和日常开销一直由李炜掌管。2011年，张琴和李炜继承了一套李炜父母的房产。2016年，该房产因拆迁获得258万元补偿款，这笔钱也一直由李炜掌管。

2013年，张琴患上乳腺癌，通过保乳手术切除肿瘤后，还需要长期服用抑制肿瘤复发的药物。虽然该类进口药价格昂贵且不在医保范围内，但由于同类国产药刚上市，效果有待检验，张琴打算选择进口药。然而，李炜认为进口药太贵，每年需要花费数十万元且必须连续服用5年，效果也不见得比国产药好多少，不愿意为张琴购买。

由于家中的钱都掌握在李炜手中，张琴无法购买进口药进行治疗。看着眼前的"铁公鸡"丈夫把钱看得比自己的命还重要，张琴非常伤心。更令张琴心寒的是，在她患病后，李炜悄悄地将50万元家庭存款转移到了其哥哥名下。

面对自己无钱治病的被动局面和丈夫自私自利的小算盘，张琴决定把一部分家庭财产掌控在自己手中。在咨询了律师之后，2019年5月，张琴将李炜告上宜兰区法院，要求平均分割夫妻共同存款，并对李炜名下的208万元银行存款申请诉讼财产保全，法院遂将该款项进行了查封冻结。

李炜坚决不同意张琴平均分割夫妻共同存款的要求，他认为在婚姻关系存续期间对夫妻共同财产进行分割于法无据，而且拆迁所得的258万元补偿款是他和兄妹的共同财产，不属于夫妻共同财产。

法院经过审理，查明自父母去世后，李炜与兄妹签订了《继承协议》，明确约定宜兰区的老房子由李炜继承，而且该继承发生在李炜和张琴的婚姻存续期间；在签订拆迁补偿协议时，拆迁部门根据李炜提交的《继承协议》认定李炜、张琴夫妻二人为被拆迁人。因此，法院认定258万元拆迁补偿款为李炜和张琴的夫妻共同财产。

基于李炜存在隐藏和转移夫妻共同财产、对患病妻子消极履行法定扶养义务的行为，以及夫妻二人对外没有负债、分割拆迁补偿款不会损害他人利益且张琴掌握部分财产后可以寻求更好的治疗有利于疾病恢复的事实,法院对张琴分割夫妻共同财产的请求予以支持,判定李炜名下的208万元家庭存款可以由夫妻双方平分。最终,张琴分得了104万元银行存款。

律师谈一谈

在现实生活中,夫妻一方管理(占有)夫妻共同财产、排除另一方对财产的支配权的家庭模式并不少见,而且掌管财产的一方往往在家庭生活中处于强势地位。

当夫妻感情破裂或一方身患重病需要支出大额医疗费时,如果掌管财产的一方不愿意将钱花在对方身上,就有可能做出故意刺激、侵害对方的行为,更有甚者会遗弃对方,导致处于财产控制弱势地位一方的基本生活权益得不到保障。

在这种情况下,由于各种各样的原因,夫妻一方甚至双方不愿意离婚,或者离婚的过程非常漫长,导致不掌控财产的一方急需拿到被另一方掌控的钱财来维持生活或进行救治,出现了在不要求离婚的前提下请求分割夫妻共同财产的特殊诉讼。

本案中,当时的法院依据2011年《最高人民法院关于适用

《中华人民共和国婚姻法》若干问题的解释（三）》第四条规定作出判决。该司法解释针对婚姻关系存续期间分割夫妻共同财产做了有限度的开放，只要符合司法解释中的特殊条件，夫妻一方就可以在不离婚的情况下，提出分割共同财产的诉讼请求。这是我国法律人性化地解决多样性问题的体现。

由于李炜和张琴没有家庭对外债务，张琴请求分割夫妻共同财产不会损害他人利益，能够在不离婚的情况下拿到属于自己的家庭财产，为自己进行良好的治疗。需要注意的是，由于张琴、李炜没有离婚，本次没有进行分割的财产以及今后新增的家庭收入仍都属于夫妻共同财产，而本次张琴所分得的 104 万元属于其个人财产，即使在治疗中没有花完，也可以根据自己的意愿做出相应处理。

法律这样说

一、夫妻共同财产能否分割？

《中华人民共和国民法典》第三百零三条规定，共有人约定不得分割共有的不动产或者动产，以维持共有关系的，应当按照约定，但共有人有重大理由需要分割的，可以请求分割；没有约定或者约定不明确的，按份共有人可以随时请求分割，共同共有人在共有的基础丧失或者有重大理由需要分割时可以请求分割。因分割造成其他共有人损害的，应当给予赔偿。

《中华人民共和国民法典》第三百零四条规定，共有人可以协商确定分割方式。达不成协议，共有的不动产或者动产可以分割且不会因分割减损价值的，应当对实物予以分割；难以分割或者因分割会减损价值的，应当对折价或者拍卖、变卖取得的价款予以分割。

共有人分割所得的不动产或者动产有瑕疵的，其他共有人应当分担损失。

这两条法律规定分别与《中华人民共和国物权法》第九十九条、第一百条规定的内容一致，仅对第九十九条做了语序调整。

根据我国相关法律的规定，在夫妻双方对财产归属没有约定的情况下，夫妻以家庭收入购买的住房或者添置的其他财产等都推定为夫妻共同共有。一旦夫妻离婚，财产共有人（夫妻）就丧失了"共有的基础"，共有人可以主张对共有财产进行分割。

需要注意的是，"分割夫妻共同财产"不能简单地理解为所有的夫妻共同财产均可一分为二。

一般来说，在不离婚的情况下，对货币、股票等财产可以进行均分，但对车辆、住房等财产进行均分则会减损其价值或者无法实现分割。在这种情况下，可以将无法分割的财产用货币量化，由享有财产的一方对另一方进行货币补偿。

在离婚的情况下，财产分割不一定都是均分的情况。比如，导致婚姻破裂的过错方在分割财产时可以少分；在离婚过程中有伪造债务来转移、隐匿财产行为的一方可以少分或者不分。

二、在什么情况下可以分割夫妻共同财产？

《中华人民共和国民法典》第一千零六十六条规定，婚姻关系存续期间，有下列情形之一的，夫妻一方可以向人民法院请求分割共同财产：

（一）一方有隐藏、转移、变卖、毁损、挥霍夫妻共同财产或者伪造夫妻共同债务等严重损害夫妻共同财产利益的行为；

（二）一方负有法定扶养义务的人患重大疾病需要医治，另一方不同意支付相关医疗费用。

该条法律规定在《最高人民法院关于适用〈中华人民共和国婚姻法〉若干问题的解释（三）》第四条规定的内容基础上，删除了"夫妻一方请求分割共同财产的，人民法院不予支持，但有下列重大理由且不损害债权人利益的除外"，不再将损害债权人利益作为分割共同财产的限制条件。

这是因为《中华人民共和国民法典》对债务属于夫妻共同之债还是一方个人之债作出了详细规定。如果是夫妻共同之债，那么即使家庭财产分割流转到夫妻一方个人名下，夫妻两人也仍是债务人，不会损害债权人的利益；如果是一方个人之债，一方仅可以动用家庭财产中的个人部分来偿还个人债务，那么在夫妻已经将共有财产做出分割的情况下，反而有利于偿还债务，保护债权人的利益。

家庭财产共同共有既可以提高财产的价值，也有利于婚姻家庭的稳定。因此，夫妻在不离婚且没有特殊情形的情况下，是不能请求分割共同财产的。不过，针对婚姻中可能出现的夫妻一方对财产的控制处于强势地位，并且夫妻感情趋于不良，处于财产控制强势地位的一方做出有损于家庭共有财产的行为，或者不控制财产的一方在患病的情况下无法使用共有财产获得更好的医疗帮助，同时夫妻无法或不愿解除婚姻关系的特殊情况，法律允许夫妻在不离婚的情况下分割共有财产。

需要注意的是，本案中张琴身患重病需要治疗，李炜不仅不将家庭存款用于为妻子治病，还隐藏、转移夫妻共同财产，满足了特殊情况下可以分割夫妻共有财产的两个条件。但在现实生活中，请求在婚姻存续期间分割夫妻共有财产时并不要求同时满足这两个条件，只要满足其中一个条件就可以提起诉讼，请求分割共同财产。

三、什么是夫妻之间的扶养义务？

《中华人民共和国民法典》第一千零五十九条规定，夫妻有相互扶养的义务。

需要扶养的一方，在另一方不履行扶养义务时，有要求其给付扶养费的权利。

该条法律规定与《中华人民共和国婚姻法》第二十条规定的内容基本一致，只是在用词和语序上做了调整。

"夫妻有相互扶养的义务"是指在夫妻关系存续期间，夫妻双方在生活上互相照应、在经济上互相供养、在日常生活上互相扶助、在精神上互为支柱。

夫妻一方不履行扶养义务时，缺乏劳动能力、没有生活来源的另一方可以请求对方给付扶养费。扶养费的数额一般不超过对方收入的50%，以能够使被扶养人维持必要的生活支出为限。扶养费的支付时限一般到另一方能够独立生活为止。

温馨小贴士

一般来说，家庭财产推定夫妻共同共有是为了发挥家庭财产增值保值的作用，维护家庭关系的稳定、和谐。但是在现实生活中，因对家庭财产支配发生争议的案件并不少见。

因此，夫妻双方都应当树立正确的财产价值观，对共同财产有正确的认识，涉及大额的财产支出时要互相商议，让对方有充分的知情权和一定的财产掌控权。如果双方的价值观、金钱观差异很大，则可以对财产归属、财产处分进行明确约定，避免日后出现财产矛盾，影响夫妻感情。

当然，家庭是需要夫妻双方共同经营的，既需要法律的保障，更需要情感的呵护。如果不幸遇到了不负责任的另一半，并且不愿或不宜离婚，则可以采用可行的救济渠道来保护自己的合法权益。

此外，女性应该保持经济独立。这种独立不仅指有自己的经济来源，也指对个人及家庭财产的有效掌控，如此才可避免出现仰人鼻息的被动局面。

02 想把血汗钱给"小三"？没门！

卢刚与周丽是大学同学，两人相知相恋，婚后共同创业，成立了一家名为"昆仑"的公司。经过两人几年的奋斗，公司逐渐发展壮大，在业务慢慢走上正轨的同时，他们有了爱情的结晶。儿子出生后，周丽将精力从公司转移到家庭，由叱咤商场的坚强女战士变身洗手做羹汤的温柔小妇人。夫妻二人男主外、女主内，分工明确，相得益彰，其乐融融。

3年平静的生活转眼而过，周丽发现卢刚回家的时间越来越晚，出差的次数越来越多，夫妻间的交流也越来越少，家成了他想回就回、想走就走的驿站。周丽一抱怨，卢刚就说自己在外拼命工作是为了让周丽和孩子能够继续过着优渥的生活，自己实在太累了，让周丽理解自己。

02 想把血汗钱给"小三"？没门！

心生怀疑的周丽经过调查，发现卢刚在外包养了情人张晓芳，并于 2017 年 3 月至 9 月分 3 次向开发商账户转账 165 万元，为张晓芳购买了一套商品房，房产证也办理到了张晓芳的名下。

于是，周丽以卢刚擅自用夫妻共同存款为张晓芳购房侵害了夫妻财产共有权为由提起诉讼，请求法院确认卢刚赠与张晓芳 165 万元购房款的行为无效，请求张晓芳返还受赠的 165 万元。

然而，张晓芳辩称不知道卢刚已经结婚，165 万元购房款是卢刚作为恋人对自己的赠与，即便这 165 万元属于卢刚和周丽的夫妻共同财产，但根据"夫妻对共同所有的财产，有平等的处理权"的法律规定，卢刚赠与自己 165 万元购房款是有效的个人行为，自己不必返还受赠款项。

法院查明卢刚与张晓芳确属情人关系，诉争的 165 万元来源于昆仑公司的营业利润，通过分红转到股东账户后成为卢刚和周丽的共同财产，卢刚在周丽不知情的情况下，擅自向张晓芳进行巨额资金赠与，侵害了周丽对共同财产的处分权，因此，卢刚将 165 万元赠与张晓芳的行为应当认定无效。同时，卢刚在结婚之后与他人"恋爱"，违背了法律规定的夫妻互相忠实义务。而张晓芳接受卢刚的赠与是基于两人之间的不正当情人关系，违反了公民的民事活动、民事行为必须符合公序良俗的原则，也违反了现行的一夫一妻婚姻制度。因此,张晓芳接受卢刚赠与的165万元购房款不能认定为善意取得。

经审理,法院认为卢刚擅自赠与张晓芳的165万元购房款侵犯了共有人周丽的知情权与财产权,违反了夫妻双方对家庭巨额财产应当取得一致意见方可做出处理的法律规定,卢刚个人的赠与行为于法无效。最终,法院判决张晓芳返还周丽165万元。

律师谈一谈

赠与虽然是单务民事法律行为,可以不要求受赠人附带条件或履行义务,但赠与有效的前提是赠与人对赠与的财物有处分权,"借花献佛"在法律上是行不通的。

本案中,当时的法院依据《最高人民法院关于适用〈中华人民共和国婚姻法〉若干问题的解释(一)》第十七条"(一)夫或妻在处理夫妻共同财产上的权利是平等的。因日常生活需要而处理夫妻共同财产的,任何一方均有权决定。(二)夫或妻非因日常生活需要对夫妻共同财产做重要处理决定,夫妻双方应当平等协商,取得一致意见。他人有理由相信其为夫妻双方共同意思表示的,另一方不得以不同意或不知道为由对抗善意第三人"的规定作出判决。

一般来说，因日常生活需要对家庭财产做出处理是指夫妻双方、未成年子女和其他共同生活的家庭成员为维持个人及家庭生活而进行的必要开支，包括购买生活用品、医疗服务、教育文化服务等；常见的超出日常生活需要对家庭财产做出处理的行为包括：将夫妻共同存款大额出借；将重大资产赠与他人；偿还一方债务；出卖家庭房产等。

本案中，卢刚赠与张晓芳165万元巨款的行为已经超出了人与人之间礼尚往来的界限，两人的婚外情关系也不是正常的恋人交往。虽然张晓芳引用"夫妻对共同所有的财产，有平等的处理权"的法律规定，主张卢刚对自己账户中的钱财有处理权，但卢刚的大额赠与行为与家庭日常生活需要无关，只是为了维持自己不道德的婚外情，不适用夫妻一方为了日常生活需要可单方处置家庭财产的规定。

就算张晓芳真如声称的在接受赠与时不知卢刚已婚，卢刚的赠与行为也会因单方处理家庭重大资产而被判定无效。如果张晓芳明知卢刚已婚仍与其进行不正当交往，那就不仅是对公序良俗的违背，更是对法律的公然挑衅。

当然，如果张晓芳能举证自己是在周丽知情并认可的情况下收到赠与款项,那么所得的165万元可以适用善意取得。显然,作为妻子的周丽是不可能同意丈夫赠与第三者巨额款项的。

法律这样说

一、哪些财产归夫妻共同所有?

《中华人民共和国民法典》第一千零六十二条规定,夫妻在婚姻关系存续期间所得的下列财产,为夫妻的共同财产,归夫妻共同所有:

(一)工资、奖金、劳务报酬;

(二)生产、经营、投资的收益;

(三)知识产权的收益;

(四)继承或者受赠的财产,但是本法第一千零六十三条第三项规定的除外;

(五)其他应当归共同所有的财产。

夫妻对共同财产,有平等的处理权。

该条法律规定对《中华人民共和国婚姻法》第十七条进行了细化,增加了两类夫妻共同财产:劳务报酬和投资的收益。这是对司法裁判经验和成果的总结,扩大了法定夫妻共同财产的范围,

02 想把血汗钱给"小三"？没门！

强调了婚姻期间劳动和投资所得为夫妻共享的立法理念。

劳务报酬是指个人通过技能独立为他人、单位提供劳动、服务的所得，通常具有短期性、不固定性等特点。提供劳务的个人与劳务接受者之间不存在人身依附关系，不是稳定、连续的劳动人事关系，没有任何劳动合同关系，所得不以工资形式领取。

需要注意的是，虽然《中华人民共和国婚姻法》没有明确规定劳务报酬属于夫妻共同财产，但在司法实践中，婚姻关系存续期间取得的劳务报酬一直被认定为夫妻共同财产，因此，《中华人民共和国民法典》对这一内容作了明确规定。

投资的收益是指个人对外投资所得的收益，包括股息、利息、分红等。

需要注意的是，不仅夫妻双方利用一方的婚前财产共同生产、经营、投资取得的收益属于夫妻共同财产，而且夫妻一方对另一方的婚前财产进行生产、经营、投资所产生的收益也属于夫妻共同财产。比如，丈夫用妻子婚前的银行存款投资股票获得的收益、妻子将丈夫婚前的房子修缮后对外出租获得的收益，都属于夫妻共同财产。

在司法实践中，一方以个人财产投资在婚姻关系存续期间所取得的收益，若是基于原个人财产的孳息和自然增值，则为一方个人财产；若是基于夫妻共同经营行为所产生，则为夫妻共同财产；如果个人财产与共同财产混同，并将混同之后的财产进行了共同投资，那么收回的投资在扣除个人财产之后都视为共同财产，归夫妻共同共有。

此外，在司法实践中，常见的"其他应当归共同所有的财产"包括：

（1）夫妻双方实际取得或者应当取得的住房补贴、住房公积金。

（2）夫妻双方实际取得或者应当取得的养老保险金、破产安置补偿费。

（3）发放到军人名下的复员费、自主择业费等一次性费用，以夫妻婚姻关系存续年限乘以年平均值，所得数额为夫妻共同财产。年平均值是指将发放到军人名下的上述费用总额按具体年限均分得出的数额，其具体年限为人均寿命七十岁与军人入伍时实际年龄的差额。

（4）已经继承尚未实际占有且未确定只归夫或妻一方的遗产。此处指的是财产权利的取得，而不是对财产的实际占有。即使婚姻关系终止前并未实际占有遗产，但只要继承发生在婚姻关系存续期间，那么所继承的财产就是夫妻共同财产。

(5）约定不明或无法查实来源的财产。夫妻对婚姻关系存续期间所得财产约定不明的，视为夫妻共同所有；难以查实确定财产所有权性质的，主张权利的一方有责任举证，不能举证的按夫妻共同财产处理。

(6）夫妻取得的共同债权。

二、什么是夫妻日常家事代理权？

《中华人民共和国民法典》第一千零六十条规定，夫妻一方因家庭日常生活需要而实施的民事法律行为，对夫妻双方发生效力，但是夫妻一方与相对人另有约定的除外。

夫妻之间对一方可以实施的民事法律行为范围的限制，不得对抗善意相对人。

该条法律规定是《中华人民共和国民法典》的新增内容，规定了夫妻实施民事法律行为的效力，明确了夫妻日常家事代理权，不仅有利于保障夫妻之间的平等权利、保护夫妻合法财产，而且有利于保护交易相对人、维护交易安全。

夫妻日常家事代理权是指夫妻一方为应对家庭生活中的常规事项与第三方订立合同或者对家庭财产做出处分的民事法律行为对夫妻双方发生法律效力，没有参与决定的另一方承担连带责任。

也就是说，夫妻在日常家事处理方面互为代理人，互有代理权。

日常家事代理权处理的往往都是家庭日常生活中出现的必要事务，代理结果一般会惠及家庭，涉及金额通常不会巨大，一般用于处理以下家庭日常事务：

（1）维持共同生活，采购生活用品、支付房租等。

（2）支付抚育子女的费用。

（3）为家庭成员支付医疗费用。

（4）为老人支付赡养费用，以及支付其他礼尚往来的费用。

（5）处理其他日常生活所需的费用。

需要注意的是，对家庭重大财产做出处分或者对家庭重大事项做出处理时，需要夫妻双方协商一致。一方擅自做出处分或处理的，另一方有权否认该处分或处理的法律效力。比如，夫妻一方擅自订立家庭共有房产买卖合同，另一方可以以侵害知情权和共有财产权为由撤销该合同。

温馨小贴士

在现实生活中，有些男人认为"钱都是我挣的，你一个家庭主妇有什么资格管？我怎么用钱是我的自由"，或者"我挣得比你

02 想把血汗钱给"小三"？没门！

多，我多挣出来的钱爱给谁给谁",这样的想法是错得离谱的。

家庭不仅是男人和女人情感的结合，也是家庭基本收入的共同体。夫妻双方都对家庭负有责任，也都对家庭付出了自己的努力。不能仅仅因为家庭角色、分工的不同，就否认夫妻一方对家庭共同收入的平等处理权。

不得不承认，丈夫不经妻子同意，擅自处分自己所掌握、控制的夫妻共同财产，甚至利用共同财产在外拈花惹草、背叛家庭的现象并不少见。一旦遇到这种情况，受害女性一定要据理力争，勇敢地拿起法律武器维护自己的合法权益，尤其要注意收集、保存证据。在这类案件中能否拿回被不当赠与的财产，原配是否收集到第三者获取不当赠与的证据至关重要。

此外，为了避免随意处分共同财产，夫妻可以签订财产处分协议，家有公司的还可以严格执行公司财务支出规定，通过控制财产来约束旁逸斜出的感情，为自己的家庭稳定打牢基础。

法律是对公民底线行为的要求与规范，感情问题还得靠个人道德自律。婚姻和睦、家庭幸福是每个妻子的愿望，但若不幸受到感情伤害，也要理性地用法律维护自己的合法权益，争取自己应得的财产，以便潇洒地重整河山，开始新的生活。

03 夫妻财产纷争不断？财产约定来叫停！

2011年，张强的父母为张强全款购置了A家园价值300万元的一套115平方米的商品房，产权登记在张强名下。

2012年10月，张强与高校教师石娟登记结婚。12月，张强与石娟签订了《夫妻财产归属协议》，双方约定：

1. A家园房产属于夫妻共同共有财产，由石娟负责装修，装修完成后在产权证上增加石娟为共有人。

2. 婚后两人的工资和经营收入归各自所有，如出现个人对外借债，由个人负责清偿，与对方无关。

3. 家庭公共开支由两人共同负担，张强每月向家庭账户存储3000元，石娟每月存储2000元，账户结余为家庭共同财产。如果出现额外的家庭开支，家庭账户结余不足部分由两人共同分担。

4. 未尽事宜双方可另行协商解决。

2013年，张强开办了一家珠宝公司，并以自己的名义贷款购买了一套300平方米的B商业用房作为营业场所。

2016年，张强与石娟感情破裂，张强向法院起诉离婚。在法庭上，石娟同意离婚，但要求依法分割夫妻共同财产，包括A家园房产、B商业用房和珠宝公司的股权。

对此，张强提交了两人签订的《夫妻财产归属协议》，主张属于夫妻共同财产的仅为A家园房产和家庭账户中剩余的5万元，B商业用房和珠宝公司股权都是自己的个人经营所得，不属于夫妻共同财产，石娟没有理由请求分割。

石娟向法院提交了张强在2013年4月与C银行签订的用A家园房产办理抵押借款的《银行抵押借款合同》，主张珠宝公司虽然是张强一人经营，但开办珠宝公司的资金来源于A家园房产的抵押借款，属于夫妻共同财产的投资收益，理应归两人共同共有。

张强认可开办珠宝公司的启动资金来源于A家园房产的抵押借款，但他提出这笔抵押借款已经用自己的经营收入偿还完毕，C银行也出具了借款本息结清证明，A家园房产的抵押早已解除，而且自己用房产抵押借款的行为没有造成夫妻共有房产贬值，不能认定珠宝公司的股权和经营收益属于夫妻共同财产；此外，约定属于夫妻共同共有的 A 家园房产是在两人结婚前由自己父母出资购买的，自己将独有的婚前房产约定为夫妻共同共有，已经在财产处理上对石娟给予了很大的照顾。既然两人约定了婚姻存续期间的收入归属，就应该按所签署的《夫妻财产约定协议》执行。

最后，法院认定登记在两人名下的 A 家园房产和家庭账户里的存款属于夫妻共同财产，珠宝公司股权和 B 商业用房不属于夫妻共同财产，在离婚时不能进行分割。

律师谈一谈

当前，夫妻之间进行财产约定的情况越来越多，比较常见的是婚后财产 AA 制约定。也就是说，住在同一个屋檐下的夫妻，将部分财产约定为家庭共有，各自拿出一部分收入用于家庭共同开支，其他部分归个人所有，不再与家庭财产发生混同。

不过，即便存在财产约定，离婚时也可能出现矛盾纠纷，主要原因不外乎两条：一是对约定的财产内容出现分歧，或者对财产约定协议的理解出现偏差；二是当初所签署的财产约定中没有涵盖后续的财产情况，以及出现了协议中没有约定的新财产、新情况。

本案中，当时的法院依据《中华人民共和国婚姻法》第十八条、第十九条规定作出判决。张强和石娟离婚时财产分割的争议点是 B 商业用房是不是夫妻共同财产。

法院经过审理,查明张强与石娟签订的《夫妻财产归属协议》是夫妻双方的真实意思表示,属于合法有效的财产约定协议。张强开办珠宝公司的资金来源于以夫妻共有房产作为担保的银行抵押借款,在张强与 C 银行签订的借款合同中,石娟作为配偶,既是共同抵押人,也是共同还款人,但贷款本息都由张强用珠宝公司的经营收益偿还,石娟没有用自己的个人收入和家庭账户存款进行过还贷,而且石娟没有参与过珠宝公司的经营管理。在离婚诉讼时,张强已经将银行借款偿还完毕,设定在夫妻共有房产上的抵押权亦随之解除,房产的价值没有减损,因此,法院认定 B 商业用房和珠宝公司的股权不属于夫妻共同财产转化出来的财产,属于张强的个人财产,石娟无权要求分割。

从判决结果来看,张强分到的财产比石娟丰厚得多,石娟没有获得婚姻存续期间家庭财富增长的份额。这看似对石娟不公平,毕竟在张强将全部精力投入公司运营时,石娟也在全心全意地经营着家庭,为张强提供了情感支持。

其实,风险与收益是相辅相成的。张强系自己创业,石娟是大学教师,两人工作收入的风险系数是不同的。张强在经营公司的时候承担了更多的风险,商海沉浮,成功者是少数。如果张强投资公司经营失败,损失将由其个人承担,石娟并不需要动用自己的收入来偿还张强的经营债务,也不影响自己对夫妻共有房产的一半所有权。因此,不能因为石娟没有分得张强的经营增值就认为两人约定的《夫妻财产归属协议》不公平。

家庭财产如何分配是两位当事人真实意思自治的结果,只要财产约定协议的内容不违反法律的禁止性规定,离婚时,法院一般就会据此分割财产。

如果一方丧失劳动能力,没有合法收入来源,另一方还要坚持按照财产约定协议实行 AA 制,这就违反了夫妻之间的扶养、扶助义务。在这种情况下,法院不会完全按照夫妻财产约定协议作出离婚财产分割判决,而会在财产上对丧失劳动能力的一方做出适度保护。

法律这样说

一、哪些财产归夫妻一方个人所有?

《中华人民共和国民法典》第一千零六十三条规定,下列财产为夫妻一方的个人财产:

（一）一方的婚前财产；

（二）一方因受到人身损害获得的赔偿或者补偿；

（三）遗嘱或者赠与合同中确定只归一方的财产；

（四）一方专用的生活用品；

（五）其他应当归一方的财产。

该条法律规定在《中华人民共和国婚姻法》第十八条规定的内容基础上，将第二项"一方因身体受到伤害获得的医疗费、残疾人生活补助费等费用"改为"一方因受到人身损害获得的赔偿或者补偿"。

因人身损害获得的赔偿、补偿费用具有严格的人身性质，是用于保障受害人生活的基本费用。在实践中，除了原来规定的医疗费和残疾人生活补助费外，还有精神抚慰金、一次性工伤辞退费、交通补助费、营养补助费、住院伙食补助费、护理费、假肢安装费、抚养人生活补助费等其他各项费用。《中华人民共和国民法典》修订相关说法，是为了避免某些人身损害赔偿或补偿因没有在法条中列出费用名称而被排除在夫妻特有财产范围，引起夫妻离婚纠纷。

夫妻一方的个人财产是指法律规定归夫或妻一方所有，并由所有方支配、使用和处分的财产。在夫妻离婚时，夫妻一方的个人财产不参加分割。夫妻一方的个人财产一般不因婚姻关系的延续而转化为夫妻共同财产，除非夫妻在财产约定协议中明确将一方的个人财产归为共同财产。

一方的婚前财产是指一方婚前已经取得的财产，包括动产和不动产，可以分为四类：

（1）婚前个人所有的财产，包括工资、奖金、劳务报酬，从事生产、经营、投资取得的收益，知识产权的收益，继承或受赠的财产以及其他合法收入。

（2）婚前已经取得的财产权利，如一方婚前取得的债权等。

（3）婚前财产在婚前和婚后产生的孳息和自然增值。

（4）婚前以股份、股权等形式存在而在婚后收取分红、股息等的投资收益。

婚前财产和婚后财产的界定时间为双方结婚登记日，结婚登记前双方分别所有的财产归各自所有，结婚登记后一方单独获得或双方共同所有的财产除法律另有规定或当事人特别约定外，均为婚后夫妻共同财产。

一方专用的生活用品是指夫妻在日常生活中购置的个人用品，如衣物、饰物、工作专属用品等。

在司法实践中，常见的"其他应当归一方的财产"包括：

（1）军人的伤亡保险金、伤残补助金、医药生活补助费；非婚姻关系存续期间，复员、转业军人所得的复员费、转业费。

（2）离婚时一方尚未取得经济利益的知识产权，归一方所有。在分割夫妻共同财产时，可根据具体情况，对另一方予以适当的照顾。

（3）一方的人身保险金和其他保险福利费用（如丧葬抚恤救济金、生活困难补助费、各种非工资性补贴和实行公费医疗改革的单位直接支付给职工个人的医疗费）。

（4）一方的劳动保护费用，如保健食品待遇、防暑降温费等。

（5）与个人身份密切相关的财产，如奖状、奖杯、奖牌、奖品、荣誉证书、科研津贴、创作手稿、文稿等。

（6）夫妻双方约定为个人所有的财产。

二、夫妻财产约定协议是否具有法律约束力？

《中华人民共和国民法典》第一千零六十五条规定，男女双方可以约定婚姻关系存续期间所得的财产以及婚前财产归各自所有、共同所有或者部分各自所有、部分共同所有。约定应当采用书面形式。没有约定或者约定不明确的，适用本法第一千零六十二条、第一千零六十三条的规定。

夫妻对婚姻关系存续期间所得的财产以及婚前财产的约定，对双方具有法律约束力。

夫妻对婚姻关系存续期间所得的财产约定归各自所有，夫或者妻一方对外所负的债务，相对人知道该约定的，以夫或者妻一方的个人财产清偿。

该条法律规定在《中华人民共和国婚姻法》第十九条规定的内容基础上，将第一款"夫妻"改为"男女双方"，强调了可以婚前进行财产约定；将"第三人"改为"相对人"，相对人是指做出具体民事行为或者发生法律关系的一方，较"第三人"的概念更为严谨。

夫妻可以在财产约定协议中，对以下财产进行约定：

1. 婚姻存续期间的各种收入（工资、奖金、劳务报酬，生产、经营、投资、知识产权的收益）。

2. 一方财产所有人愿意将单方享有所有权的财产与对方共有的婚前财产。

3. 一方单独继承或受赠的财产。

4. 夫妻双方所有的其他财产。

对夫妻财产进行约定时，以口头形式进行约定的，需要双方对约定事宜都认可且无争议，这在实际生活中很难做到。因此，最稳妥的方式是采用书面形式，不容易引起争端，也易于认定财产约定系各自的真实意思表示。

撰写夫妻财产约定协议时，一定要将约定事项写得明确具体。如果出现约定不明的情况，则视为没有约定，而且约定不明的部分只要不符合个人财产定义的，就会被推定为夫妻共同共有。

夫妻财产约定协议能够产生两个方面的法律约束力：

一是对夫妻双方的约束力。夫妻对婚姻关系存续期间所得财产和婚前财产的约定协议，只要不违反法律的禁止性规定，就对双方都具有法律约束力。

二是对相对人的约束力。夫妻对婚姻关系存续期间所得财产约定归各自所有的，夫或妻一方对外所负的债务，相对人知道该约定的，以夫或妻举债一方的个人财产清偿，非举债方对相对人不承担偿还义务。

温馨小贴士

在现实生活中，处于热恋中的男女往往觉得"谈钱伤感情"，签订财产约定协议是对彼此的设防与算计。其实，这不是正确的金钱观、婚姻观。

结成伴侣、共同生活追求的是"两个人结合好过一个人生活",婚姻能否长久取决于两人的用心经营、成长与包容。如果能够坦然地讨论财产归属问题,那就在一定程度上解决了"彼此不信任"的婚姻隐患。

虽然财产约定协议不能保证夫妻"执子之手,与子偕老",但至少能在婚姻解体时保护夫妻各自的财产利益,分清财产归属,不让财产纠纷耗费各自大量的时间和精力,实现体面分手。

财产约定协议可以在结婚前或者结婚后签订,既要保证合法有效,又要尽量公平、平等,这样才能保证对家庭生活和个人财产起到积极作用。因此,进行财产约定时,应该遵循以下原则:

1. 自愿原则。签订财产约定协议时,双方必须自愿,是自己的真实意思表示。

2. 合法原则。协议约定的事项必须是对夫妻财产权的处分,财产可以来源于婚前,也可以来源于婚后。需要注意的是,不能约定涉及生育自由或者侵害人格权的事项。比如,约定女方在生育男孩后财产约定协议才生效,这就违反了男女平等的基本原则,属于无效约定。

3. 公平原则。夫妻财产约定协议应当强调保护婚姻关系双方当事人的合法权益,一方不得借机侵害另一方的利益、剥夺另一方的权利，不得免除一方的法定义务，比如限制一方赡养其父母等。总之，任何违背公平原则、公序良俗的夫妻财产约定都是无效的。

4.书面原则。财产约定如果采用非书面方式，除非双方都认可且无争议，否则产生纠纷时很难举证。

04 虚假离婚？小心弄假成真！

敏仪和陈东自2005年结婚以来，感情一直非常融洽。两人携手打拼，家庭、事业蒸蒸日上。

2016年，陈东投资失败，不仅亏掉了以前积累的大量财富，还债台高筑。于是，两人约定"假离婚"，将现有资产转移到敏仪名下，以保证女儿生活无忧。

2017年1月，敏仪和陈东登记离婚，根据离婚协议的约定，女儿由敏仪抚养，两套房产、车辆、现金等财产全部归敏仪，陈东所欠债务由其个人负责偿还。

为了不让别人看穿是"假离婚"，陈东搬离了原来的家，自己租房生活，而且每日埋头工作，力求早日还清债务、东山再起。然而，随着时间的推移，陈东对敏仪和孩子越来越不上心。

04　虚假离婚？小心弄假成真！

敏仪察觉到陈东对自己的感情有所变化，担心弄假成真，不断地催促陈东早日复婚，但陈东总是以"债务没有还清、复婚还不是时候"来敷衍敏仪。之后，敏仪发现陈东的感情世界蜂飞蝶舞，而且债务早已还清。在失望、伤心之下，敏仪不再要求复婚。

2019年，在花丛中玩累了的陈东找到敏仪要求复婚，但敏仪不能接受陈东的背叛，拒绝复婚。陈东见复婚无望，便与敏仪商议按"真离婚"的情况重新分割夫妻共同财产。敏仪认为当初协议离婚时做出的夫妻共同财产分配约定是双方的真实意思表示，而且不存在没有分割的夫妻共同财产，拒绝了陈东的重新分割要求。

2019年6月，人财两空的陈东向法院起诉，以离婚协议中的财产分割不是自己真实意思表示为由，请求法院重新分割夫妻共同财产，要求将两套住房中的其中一套分给自己。

经审理，法院认为陈东和敏仪在2017年的离婚协议中对孩子抚养、夫妻共同财产处分、债务处理问题都作出了约定，系双方的真实意思表示，陈东没有证据证明当时签订离婚协议时存在欺诈或胁迫等情形，要求重新分割夫妻共同财产的诉讼请求无法得到支持。最终，法院判决驳回陈东的诉讼请求。

律师谈一谈

无论是在法律关系层面,还是在具体行政行为层面,"假离婚"的说法都是不被认可的。无论采用哪种方式,只要完成离婚登记或者离婚判决书、调解书生效,婚姻关系就解除了。

在我国,解除婚姻关系的方式有两种:

一是协议离婚:夫妻双方自愿离婚,对子女抚养、财产分配以及债务处理等事项协商一致,并亲自到婚姻登记机关办理离婚登记。

《中华人民共和国民法典》对协议离婚增设了离婚冷静期。夫妻对离婚事宜达成一致后,离婚协议应当载明双方自愿离婚的意思表示和对子女抚养、财产以及债务处理等事项协商一致的意见,并亲自到婚姻登记机关申请离婚登记。自婚姻登记机关收到离婚登记申请之日起30天内,任何一方不愿意离婚的,可以向婚姻登记机关撤回离婚登记申请。30天冷静期届满之后30天内,双方仍然要求离婚的,应当亲自到婚姻登记机关申请发给离婚证;如果没有申请发给离婚证,则视为撤回离婚登记申请。

对协议离婚设置30天冷静期并将离婚程序复杂化的立法初衷是希望减少冲动离婚的情况,引导当事人理性对待夫妻矛盾,慎

04 虚假离婚?
小心弄假成真!

重处理婚姻问题,从而降低离婚率,维护家庭和社会的稳定。

二是诉讼离婚:夫妻双方不能就离婚问题达成一致时,一方可以直接向法院提起离婚诉讼,由司法机关调解或判决离婚。

需要注意的是,《中华人民共和国民法典》新增了一种经调解无效应当准予离婚的法定情形:"经人民法院判决不准离婚后,双方又分居满一年,一方再次提起离婚诉讼的,应当准予离婚",能够有效解决夫妻矛盾无法调和、没有挽回可能且一方故意拖延时间不同意离婚的"僵局"婚姻问题。

本案中,当时的法院依据《最高人民法院关于适用〈中华人民共和国婚姻法〉若干问题的解释(一)》第九条"男女双方协议离婚后一年内就财产分割问题反悔,请求变更或者撤销财产分割协议的,人民法院应当受理。人民法院审理后,未发现订立财产分割协议时存在欺诈、胁迫等情形的,应当依法驳回当事人的诉讼请求"的规定作出判决。

也就是说,对协议离婚中的财产分割反悔的一方要想达成新的分割协议,除非对方同意。如果对方不同意,一方起诉要求重新分割财产的,必须在离婚后一年内提出诉讼请求,超过一年期限的,法院不再受理。在一年期限内,法院受理后,经审查发现不存在欺诈、胁迫等情形,也会驳回当事人的诉讼请求。

本案中，陈东和敏仪于2017年自愿签订了离婚协议，即使两人是"假离婚"，离婚协议也是有法律效力的。陈东在两年后（2019年）才就协议离婚的财产分割反悔进而起诉，超过了"一年"的法定诉讼时限。因此，无论是案件适用情形，还是诉讼时效，陈东的诉求都不符合法律规定。

本案中，陈东是典型的"偷鸡不成蚀把米"。他本想通过"假离婚"逃避立刻还债的责任、保障妻女的生活水平，在协议离婚时做出了所有财产都归敏仪、所有债务都由自己偿还的约定；"假离婚"后，却沉迷于"单身"自由自在的状态，以为敏仪会一直在原地等自己复婚；知道复婚无望后，反悔将财产全都拱手相让，于是诉讼前妻，但他的非正当要求是得不到法律保护的。此外，陈东对外举债是为了自己单方进行投资，超出了家庭日常生活需要，而且投资没有收益，没有用于夫妻共同生活、共同生产经营，即使债权人以夫妻共同债务起诉，法院也不会认定为共同债务。

法律这样说

一、离婚时，如何认定债务？

《中华人民共和国民法典》第一千零六十四条规定，夫妻双方

04 虚假离婚?
小心弄假成真!

共同签名或者夫妻一方事后追认等共同意思表示所负的债务,以及夫妻一方在婚姻关系存续期间以个人名义为家庭日常生活需要所负的债务,属于夫妻共同债务。

夫妻一方在婚姻关系存续期间以个人名义超出家庭日常生活需要所负的债务,不属于夫妻共同债务;但是,债权人能够证明该债务用于夫妻共同生活、共同生产经营或者基于夫妻双方共同意思表示的除外。

《中华人民共和国民法典》第一千零八十九条规定,离婚时,夫妻共同债务应当共同偿还。共同财产不足清偿或者财产归各自所有的,由双方协议清偿;协议不成时,由人民法院判决。

前一条法律规定是《中华人民共和国民法典》的新增内容,明确了夫妻共同债务的范围,强化了债权人的举证责任。一方面,有利于保障夫妻另一方的知情权和同意权,从债务形成源头上尽可能杜绝夫妻一方"被负债";另一方面,可以有效避免债权人因事后无法举证证明债务属于夫妻共同债务而遭受不必要的损失,对家庭和弱势群体实施倾斜性的保护,充分体现了人文关怀,对促进夫妻关系更加平等、维护夫妻一方合法权益、保障交易安全具有积极的推动作用。

后一条法律规定在《中华人民共和国婚姻法》第四十一条规

定的内容基础上,将"原为夫妻共同生活所负的债务"改为"夫妻共同债务"。

离婚时,下列四种情况会被认定为夫妻共同债务:

1.共债共签。夫妻双方共同借债,夫妻均以借款人的身份签名。

2.事后追认。夫妻一方举债之后,另一方对此债务系夫妻共同债务做出追认。

3.举债用于家庭生活。夫妻一方为了应对家庭需要而借债,比如为孩子读书借债、为家人治病借债等。

4.债务人有证据证明举债用于家庭生活、共同经营或者夫妻有共同举债的意思表示。

一旦被认定为夫妻共同债务,应由夫妻双方承担偿还义务,如果共同财产不足以清偿债务时,由双方协商确定,协商不成由法院判决确定各自的承担比例。需要注意的是,协议清偿和判决承担只对夫妻产生约束力,不能对抗第三人。也就是说,债务人起诉要求偿债义务,仍要按照共同债务处理,实际承担还款义务的夫妻一方有权要求另一方按协议或法院判决分担相应份额。

二、离婚后，夫妻共同财产如何处理？能否再次分割？

《中华人民共和国民法典》第一千零八十七条规定，离婚时，夫妻的共同财产由双方协议处理；协议不成的，由人民法院根据财产的具体情况，按照照顾子女、女方和无过错方权益的原则判决。

对夫或者妻在家庭土地承包经营中享有的权益等，应当依法予以保护。

《中华人民共和国民法典》第一千零九十二条规定，夫妻一方隐藏、转移、变卖、毁损、挥霍夫妻共同财产，或者伪造夫妻共同债务企图侵占另一方财产的，在离婚分割夫妻共同财产时，对该方可以少分或者不分。离婚后，另一方发现有上述行为的，可以向人民法院提起诉讼，请求再次分割夫妻共同财产。

前一条法律规定在《中华人民共和国婚姻法》第三十九条规定的内容基础上，增加了照顾"无过错方"的明文规定，既尊重我国的法律传统和司法习惯，又降低举证责任要求，达到对无过错方的救济目的，体现了法律的公平正义。

需要注意的是，无过错方除了能在共同财产分割上得到照顾，还有权根据对方导致离婚的过错请求损害赔偿。这些过错一般包括：重婚；与他人同居；实施家庭暴力；虐待、遗弃家庭成员；有其他重大过错（未同居的婚外情等违反婚姻义务、损害婚姻关系的行为)。

后一条法律规定在《中华人民共和国婚姻法》第四十七条规定的内容基础上,删除"离婚时",避免在司法实践中无法确定"离婚时"的时间段,更为有效地保障夫妻共同财产的安全;增加了"挥霍",对在司法实践中常见的破坏夫妻共同财产行为进行有效的规制;删除"人民法院对前款规定的妨害民事诉讼的行为,依照民事诉讼法的规定予以制裁"。

一般来说,离婚时夫妻共同财产有两种处理方式:

1. 由双方协议处理。在这种情况下,只要不违反法律的禁止性规定,就可以自行约定。

2. 协议不成的,由法院来判决。基于夫妻关系的特殊性,为保证财产分割公平,我国法院一直在司法实践中遵循照顾子女、女方的原则,并根据夫妻双方在离婚问题上是否存在过错和过错比例合理确定共有财产的分割比例。

在司法实践中,离婚后可以再次分割夫妻共同财产的情况有四种:

1. 离婚时,一方隐藏、转移、变卖、毁损夫妻共同财产。

2. 通过伪造债务的方式侵占共同财产。

3. 确属离婚时没有分割的夫妻共同财产。

4. 就财产分割协议约定事项反悔。

前两种情况的诉讼时效为三年,自当事人发现之次日起计算;第三种情况不受诉讼时效的限制,需要分割时提出诉讼即可;第四种情况的诉讼时效为协议离婚后一年内。

需要注意的是,离婚时,如果双方同意暂不分割共同财产,或者当时的共同财产不具备分割条件,则不适用诉讼时效限制,要视具体情况而定。例如,夫妻在婚姻存续期间共同购买了期房,离婚时房产还没有交付,也没有办理权属证明,该共同房产就不具备分割条件,在这种情况下,请求再次分割房产就不受诉讼时效的限制,一般可以在拿到房产证后提出分割诉讼。

此外,我国法律允许对财产分割问题反悔,只要能证明当初签订财产分割协议时存在欺诈、胁迫等情形,就可以请求变更或者撤销财产分割协议。需要注意的是,"假离婚"不属于欺诈、胁迫的情形。常见的欺诈是指在对方不知情的情况下骗其签字,或者伪造、变造对方的签字等;胁迫是指以损害对方或其近亲属的生命、身体健康、名誉、财产等为要挟,迫使对方违背真实意愿签字等。

温馨小贴士

夫妻共同财产和共同债务历来是离婚纠纷的焦点,"假离婚"更是放大了这个焦点。

"假离婚"是指夫妻一方或者双方本无离婚的真实意思,一方受对方欺诈做出的离婚,或者为实现特定目的双方同谋办理的离婚。

在现实生活中,许多夫妻以"假离婚"的方式来规避责任或达到其他不正当目的。一般是为了逃避或对抗一些政策的限制,如离婚分户后可以多拿拆迁款、购买多套房、逃避一方债务、实现子女入学……各种理由造成了千奇百怪的"假离婚",然而随之而来的往往就是真纠纷。

"假离婚"最大的风险就是弄假成真。演变成"真离婚"后,无法寻求法律保护婚姻,即使财产分割明显不公平,也无法寻求救济。

在我国,结婚、离婚和复婚都必须双方自愿,离婚后应当到婚姻登记机关重新进行结婚登记才能恢复夫妻关系。而且,为了最大限度地保障婚姻自由,尊重当事人的婚姻自由和个人隐私,

04　虚假离婚？小心弄假成真！

我国法律在登记程序上已取消对虚假离婚的处罚，婚姻登记机关也不再对虚假离婚登记行使撤销权。

因此，即使两人在"假离婚"时签订了几年内或者达到哪种条件后必须复婚的协议，也得不到法律保障。离婚效力一旦发生，只要一方不愿意复婚，另一方就无法强制恢复夫妻关系，也不能以当时是虚假的意思表示为由提出抗辩证明离婚无效，无法获得婚姻关系上的救济，一切不利后果由当事人自己承担。

"假离婚"带来的种种纠纷和矛盾，对家庭和社会的稳定都带来了极大的消极影响。用"假离婚"来投机取巧是不可取的，一旦发生风险，要么没了感情，要么没了财产，要么人财两空。

对于在婚姻中相对弱势的女性来说，在对方提出"假离婚"建议时，尤其要提高警惕，多考虑后果。不要为了一些蝇头小利，成为电影《我不是潘金莲》中的主人公，陷入一地鸡毛的境地。

05 冒用他人名义登记结婚？不受法律保护！

2010年，韩栋梁与孙晓梅在深圳打工期间相识相恋，随后同居。2011年，孙晓梅意外怀孕，两人准备结婚。

由于孙晓梅只有19岁，不到法定结婚年龄，孙晓梅便用其姐孙晓芳的身份信息办理了结婚登记。因孙晓梅和孙晓芳长相酷似，婚姻登记机关没有发现冒名顶替的事实，颁发了"孙晓芳"和韩栋梁的结婚证书。

"结婚"后，韩栋梁继续留在深圳打工，孙晓梅则回老家养胎。2011年年底，孙晓梅在老家生育一女韩清。2013年，孙晓梅将女儿寄养在老家，回到深圳打工。

2016年年底，韩栋梁用所有家庭积蓄开办了自己的装修公司。由于创业后忙于生意，韩栋梁陪伴家人的时间越来越少，和孙晓

05 冒用他人名义登记结婚?
不受法律保护!

梅的观念差异也逐渐凸显——韩栋梁希望孙晓梅把家打理得井井有条,能让自己做个甩手掌柜;孙晓梅则希望两人共同分担家庭事务,能拥有自己的事业。渐渐地,两人之间的感情越来越淡。

2019年6月,由于协商离婚不成,韩栋梁向法院起诉,要求与孙晓梅离婚。经审理,法院发现韩栋梁提交的结婚证上登记的妻子姓名是孙晓芳,而不是与他一直共同生活的孙晓梅。因婚姻登记主体与实际不符,故婚姻关系自始无效,最终,法院判决驳回原告韩栋梁的起诉。

律师谈一谈

在我国,缔结婚姻关系采用的是婚姻登记制度,符合结婚条件的男女需要共同到婚姻登记机关(各地民政部门下属的婚姻登记处)登记结婚、领取结婚证,婚姻关系方可成立。民政部门颁发结婚证的行为属于行政许可行为,结婚证是持证人缔结婚姻关系的凭证。

本案中,当时的法院依据《最高人民法院关于适用〈中华人民共和国婚姻法〉若干问题的解释(二)》第一条"当事人起诉请求解除同居关系的,人民法院不予处理"的规定作出驳回诉讼请求的判决。

法院受理离婚诉讼的前提是双方的结婚登记必须合法有效，也就是说，法院只对形式有效的婚姻关系作出是否准许当事人离婚的判决。

本案中，由于孙晓梅冒用姐姐孙晓芳的名义与韩栋梁登记结婚，骗取婚姻登记机关的结婚登记，她和韩栋梁之间的"婚姻关系"没有得到法律承认，两人只是同居关系，不是夫妻关系，不具备请求离婚的法律条件，也无法宣告婚姻无效或撤销婚姻，属于诉讼请求于法无据，只能被法院驳回起诉。

在现实生活中，冒用他人名义登记结婚的当事人要求"离婚"的，无法通过民事离婚程序解决，目前常用的司法解决途径是向法院提起行政诉讼，以婚姻登记机关为被告，请求确认婚姻登记机关颁发结婚证的具体行政行为无效。

本案中，韩栋梁可以先以婚姻登记机关为被告，请求确认当年为自己颁发结婚证的行政行为无效，从而解除与孙晓芳的"婚姻关系"，再和孙晓梅按同居关系对财产分割、子女抚养等问题进行协商处理，协商不成再由法院根据照顾无过错方的原则进行处理。

05　冒用他人名义登记结婚？
　　不受法律保护！

法律这样说

一、结婚必须具备哪些条件？

《中华人民共和国民法典》第一千零四十六条规定，结婚应当男女双方完全自愿，禁止任何一方对另一方加以强迫，禁止任何组织或者个人加以干涉。

《中华人民共和国民法典》第一千零四十七条规定，结婚年龄，男不得早于二十二周岁，女不得早于二十周岁。

前一条法律规定与《中华人民共和国婚姻法》第五条规定的内容基本一致，只是将"必须男女双方完全自愿"改为"应当男女双方完全自愿"，并对"不许任何一方对他方加以强迫或任何第三者加以干涉"做了细化解释。

这一规定是婚姻自由原则在结婚制度中的具体体现，通过法律将结婚决定权完全赋予当事者本人。在司法实践中，认定婚姻当事人的合意必须符合3个条件：

（1）男女双方要有表示结婚意愿的行为能力。

（2）男女双方同意结婚的意思表示必须真实。

（3）男女双方同意结婚的意思表示的作出必须符合法定形式。

需要注意的是,"必须"改为"应当",并不意味着法律对结婚要件放松要求。实际上,法律条文中的"应当"等同于"必须",是一种强制性规定,必须依照法律适用,不能以个人意志予以变更和排除适用;与之相对应的是"可以",这是一种授权性规定,允许做出可为或可不为的选择。

后一条法律规定在《中华人民共和国婚姻法》第六条规定的内容基础上,删除了"晚婚晚育应予鼓励"。

男22周岁、女20周岁,是可以结婚的最低年龄,是划分合法婚姻和违法婚姻的年龄界限。男女到了法定年龄,才可以登记结婚。设定最低结婚年龄,既考虑了人的身体发育和智力成熟情况等自然因素,又考虑了政治、经济、人口发展情况等社会因素,有利于保护婚姻关系的稳定。

随着高等教育普及和城镇化水平提高,我国年轻人的结婚年龄有了不小的推迟。由于受教育年限增加,进入社会的年轻人的年龄一般在二十四五岁,不仅经济基础不稳定,面临不小的生活和工作压力,而且婚姻观念和习惯有所改变,出现了"不婚族""丁克族",平均结婚年龄已超过30岁,很多父母不得不进行花式催婚,鼓励晚婚晚育已经没有必要,因此,《中华人民共和国民法典》根据现实国情删除了鼓励晚婚晚育的内容。

二、婚姻无效情形有哪些？

《中华人民共和国民法典》第一千零五十一条规定，有下列情形之一的，婚姻无效：

（一）重婚；

（二）有禁止结婚的亲属关系；

（三）未到法定婚龄。

该条法律规定在《中华人民共和国婚姻法》第十条规定的内容基础上，删除了"婚前患有医学上认为不应当结婚的疾病，婚后尚未治愈的"的婚姻无效情形。同时，《中华人民共和国民法典》第一千零五十三条规定："一方患有重大疾病的，应当在结婚登记前如实告知另一方；不如实告知的，另一方可以向人民法院请求撤销婚姻。请求撤销婚姻的，应当自知道或者应当知道撤销事由之日起一年内提出。"

这一规定体现了立法的进步，在保障病患隐私权的同时，兼顾其配偶的知情权，给予了婚姻当事人更多的自由。

由于随着医学的进步，一些重大疾病会被慢慢治愈，法律无法严格规定患有哪些重大疾病禁止结婚。如果患有重大疾病的一方在结婚之前向另一方如实告知了病情，而另一方认为可以接纳、愿意结婚，那么法律是允许结婚的；但如果患病一方不如实告知，那么另一方可自知道或应当知道对方患病之日起一年内请求撤销婚姻。

在《中华人民共和国民法典》明确规定的3种婚姻无效情形中：

重婚是指有配偶的人又与他人登记结婚（构成法律上的重婚）或虽未登记结婚但以夫妻名义同居生活（构成事实上的重婚）的违法行为，或者明知他人有配偶而与他人登记结婚或虽未登记结婚但以夫妻名义同居生活的违法行为。

禁止结婚的亲属关系是指直系血亲（包括拟制直系血亲，如养父母与养子女、有抚养教育关系的继父母与继子女）和三代以内的旁系血亲。

未到法定婚龄是指一方或双方未达到法定结婚年龄（男22周岁，女20周岁）而以夫妻名义同居生活。

人民法院根据当事人的申请，依法宣告婚姻无效或者撤销婚姻的，应当收缴双方的结婚证书并将生效的判决书寄送当地婚姻登记管理机关。

温馨小贴士

结婚登记是非常神圣的行为，与子女成长、家庭亲属关系和社会人伦秩序都有密切关系，因此，面对这一人生中意义非凡的

05　冒用他人名义登记结婚？不受法律保护！

重大时刻，一定要慎重对待。

虽然很多人觉得一张薄薄的结婚证无法保障夫妻感情稳固持久，但它的作用确实不容小觑。

结婚证是夫妻关系获得法律保护的依据，涉及当事人身份的变更和身份权利的正当性，能够达到证明的效力和公示的效果。只有办理结婚登记，才是合法夫妻，孕育子女、享受家庭财富增长等才能受到法律保护。

冒用他人名义登记结婚无异于埋下一颗定时炸弹，由于登记的婚姻当事人与实际当事人不符，不仅给被冒用人或者借用人的生活带来诸多不便，还为实际当事人带来不小的风险——不构成法律意义上的有效婚姻，子女成为非婚生子女，无法共同处理家庭财产……

对于女性来说，不到法定结婚年龄时，千万不能认为举行世俗婚礼就可以代替领取结婚证，更不可做出借用别人的身份证办理结婚登记的荒唐事——无论何种形式，都不能获得合法婚姻的效力，无法得到法律保护，还会影响子女的健康成长。

06 结婚不领证？同居关系有风险！

农家女李敏的丈夫沉迷赌博，短短半年时间就将家产全部败光，还经常对李敏和女儿大打出手。李敏觉得日子实在过不下去，便提出了离婚。

2000年，经过漫长的诉讼，李敏终于成功离婚，法院判决时年11岁的女儿小美归李敏抚养。为了摆脱前夫的纠缠，李敏背井离乡来到城市打工，和小美相依为命。

2002年，李敏认识了开鞋店的丧偶男士老刘，老刘的儿子小刘已成年且独立生活。经过相处，李敏与老刘决定生活在一起。

由于李敏的户籍还在老家且与前夫登记在一起，她担心回老家拿户口本会被前夫纠缠，于是打算等找到机会取得户口证明后，再和老刘办理结婚登记。

06 结婚不领证？
同居关系有风险！

2002年3月，李敏与老刘举办了婚礼。历经坎坷的李敏与老刘特别珍视这段"婚姻"，老刘把小美视为己出，小美感受到了从未有过的父爱，一家三口生活得幸福美满，补办结婚登记的事就逐渐被淡忘了。

然而天有不测风云，2017年，老刘突发心脏病死亡，李敏哭得肝肠寸断。

老刘去世还不到一年，李敏就接到了法院的传票——小刘将她告上法庭，要求她们母女搬离老刘的房子，并提出老刘的房子由他一人继承。

李敏认为自己与老刘是夫妻关系，不仅请来邻居、同事作证，还提交了老刘抚养小美的证据，证明老刘和小美之间构成了继父与继子女的关系。

法院经过审理，查明老刘的房子购买于20世纪90年代，虽然李敏与老刘自2002年起以夫妻名义同居生活了15年，但由于双方没有办理结婚登记，不能认定两人是夫妻关系，仅属于同居关系，老刘与小美之间也没有形成法律认可的继父与继子女关系。由于同居者不构成近亲属关系，李敏母女不能继承属于老刘个人财产的房子，也没有继续居住老刘房子的理由，最终，法院判决老刘名下的房子归小刘一人继承。

律师谈一谈

我国认定形成合法婚姻的方式只有一种：结婚双方到婚姻登记机关办理结婚登记。只有领取了民政机关颁发的结婚证，才具有法律认可的夫妻关系。

本案中，当时的法院依据《中华人民共和国婚姻法》第八条"要求结婚的男女双方必须亲自到婚姻登记机关进行结婚登记。符合本法规定的，予以登记，发给结婚证。取得结婚证，即确立夫妻关系。未办理结婚登记的，应当补办登记"的规定作出判决。

为了解决以前的社会现实问题，特别是广大农村偏远地区存在不办理结婚登记而形成事实婚姻的情况，我国对事实婚姻进行过法律追认，即在1994年2月1日之前，没有办理结婚登记但符合结婚法定条件且已经以夫妻名义同居生活的，认定为事实婚姻，受法律保护；在1994年2月1日之后，不办理结婚登记即以夫妻名义同居生活的，不再被认定为事实婚姻，按同居关系处理。

本案中，李敏与老刘虽然举办了婚礼，并以夫妻名义同居生活了多年，具备正常婚姻的一切外在表现形式，但由于两人没有办理结婚登记，而且处于事实婚姻认定的时间节点之后，无法被认定为法律意义上的夫妻，无论共同生活了多久，都只能按同居关系处理，而不存在婚姻关系就无法获得对老刘遗产的继承权。

那么，李敏的女儿小美自13岁起就被老刘抚养，为什么不能认定是老刘的继子女呢？其实，继父母与继子女的关系是基于亲生父母一方与他人形成合法有效的婚姻关系来判定的。由于李敏与老刘没有缔结有效的婚姻关系，小美无法成为老刘的继女，也就不是老刘遗产的合法继承人。

综上，由于李敏、小美和老刘之间没有形成法律认可的近亲属关系，自然不能成为老刘的继承人。最终，老刘的房子只能由小刘一个人继承。

需要注意的是，本案中的遗产只是指老刘在同居之前购买的房子，没有涉及老刘与李敏共同生活期间积累的其他财产。如果需要对同居期间积累的其他财产作出分割，那么其中无法证明是老刘个人所有的财产，应推定为老刘和李敏的共有财产，李敏可以分得相应的份额；其中能够证明是老刘个人所有的财产，只能由小刘一人继承。

法律这样说

一、婚姻关系确立的条件是什么?

《中华人民共和国民法典》第一千零四十九条规定,要求结婚的男女双方应当亲自到婚姻登记机关申请结婚登记。符合本法规定的,予以登记,发给结婚证。完成结婚登记,即确立婚姻关系。未办理结婚登记的,应当补办登记。

该条法律规定与《中华人民共和国婚姻法》第八条规定的内容基本一致,只是将"男女双方必须亲自"改为"男女双方应当亲自",将"取得结婚证,即确立夫妻关系"改为"完成结婚登记,即确立婚姻关系",在语言表述上更为规范。

婚姻关系的确立以完成结婚登记为条件。未办理结婚登记的婚姻不具有法律效力。

事实婚姻是指符合结婚条件的男女未经结婚登记,公开以夫妻名义同居生活或举行过世俗结婚仪式,被当地群众公认为夫妻关系。

判定事实婚姻要依据时间节点:

在1994年2月1日《婚姻登记管理条例》公布实施之前,已经符合结婚实质要件的，比如男女双方均达到结婚年龄、没有不符合结婚的其他限制条件、已经以夫妻名义同居生活，法律可以认定为事实婚姻，与法定婚姻同等对待。

1994年2月1日之后，再无"事实婚姻"的说法，不办理结婚登记的婚姻不再被法律认定为事实婚姻，无论双方共同生活多少年，都只能认定为同居关系。

未办理结婚登记而以夫妻名义同居生活的男女起诉到人民法院要求离婚的，应当区别对待：

1994年2月1日之前，男女双方符合结婚实质要件的，按事实婚姻处理。

1994年2月1日之后，男女双方符合结婚实质要件的，人民法院应当告知其在案件受理前补办结婚登记；未补办结婚登记的，按解除同居关系处理。男女双方依法补办结婚登记的，婚姻关系效力从双方均符合结婚实质要件时起算。如果起诉时男女双方不符合结婚实质要件，或者男女双方虽然在1994年2月1日之后符合结婚实质要件但无法补办结婚登记的，则按解除同居关系处理。

二、同居期间所得的财产应如何处理？

《中华人民共和国民法典》第一千零五十四条规定，无效的或者被撤销的婚姻自始没有法律约束力，当事人不具有夫妻的权利和义务。同居期间所得的财产，由当事人协议处理；协议不成的，由人民法院根据照顾无过错方的原则判决。对重婚导致的无效婚姻的财产处理，不得侵害合法婚姻当事人的财产权益。当事人所生的子女，适用本法关于父母子女的规定。

婚姻无效或者被撤销的，无过错方有权请求损害赔偿。

该条法律规定在《中华人民共和国婚姻法》第十二条规定的内容基础上，规范了语言表述，增加了无效婚姻和可撤销婚姻中无过错方请求损害赔偿的权利，有效保障了无过错方的合法权益。无效或被撤销的婚姻只有在依法被宣告无效或被撤销时，才确定该婚姻自始不受法律保护。

同居在法律上是指男女双方公开共同居住生活但没有合法婚姻关系的两性结合，是一种基于共同生活、居住而形成的关系。

同居关系不会像婚姻关系一样衍生出近亲属的身份关系，也无法享有婚姻关系带来的夫妻之间的继承权利、赡养与扶助义务和一般的家事代理权等。

同居期间所得的财产按一般共有财产处理，采取按份分割原则。也就是说，能够证明是由一方合法收入取得的财产，归其本人单独所有；对共同出资购置的财产，参照出资份额予以分割；不能确定份额的，均等分割；如果另一方在取得该财产过程中提供了辅助性劳动和生活帮助，则可根据其作用的大小确定不同的份额。同居期间为共同生活而产生的债权、债务，应依据上述原则处理。在司法实践中，分割同居期间所得的财产时，法院会适当照顾无过错方。

温馨小贴士

在现实生活中，未办理结婚登记而同居的男女并不少见。很多人将这一行为称为"试婚"，觉得试婚既能享有婚姻的便利，又不用受婚姻义务约束——结束同居关系比办理离婚登记要方便、快捷得多，于是"久试不结"，怠于办理结婚登记。

虽然试婚是男女双方的自愿行为，但我国在社会道德和立法精神层面上并不提倡婚前同居。即使现在已经没有"非法同居"的说法，同居关系也无法得到法律的保护，比如遗产继承、抚恤金领取、被扶养等基于亲属关系产生的各种权利。

同居关系表面上让男女双方获得了自由与便利，实际上一旦产生纠纷，双方会陷入更大的泥潭。对于女性来说，如果不只是婚前同居，还生了非婚生子女，那么付出的代价就更大了。

因此，女性尽量不要试婚，以防出现意外情况后合法权益得不到保障，而且一定要远离不以结婚为目的的试婚者，防止怀有不良企图的男人将试婚当成长期无偿消费女性的借口。面对有多次试婚史的男性，必须坚决拒绝其试婚要求，绝不能幻想自己是"浪子终结者"，付出自己的青春去等待对方"浪子回头"。

请记住，一张结婚证虽然不能保证婚姻生活的顺遂与幸福，但在维护自身合法权益时能起关键作用。

07 早生还是晚生？我的子宫我做主！

2010年2月，张义对舞蹈演员晓丹一见钟情，展开了疯狂的追求。经过一年热恋，两人喜结良缘。

婚后不久，晓丹便怀孕了。由于当时正在准备一个大型舞蹈演出，晓丹和张义商量放弃这个孩子。张义期待早日做父亲，不同意晓丹流产。

为了安抚张义，晓丹拟定了协议，双方约定：张义同意晓丹流产，晓丹保证在今后3年内怀孕生子，否则将赔偿张义精神损失费10万元。

流产后的4年间，晓丹的肚子一直没有动静。求子心切的张义怀疑晓丹因流产伤到了身体，便带晓丹到医院做了全面检查，结果显示晓丹的身体一切正常。

面对焦急忧心的张义，晓丹道出了实情。原来，晓丹之所以一直没有怀孕，是因为偷偷采取了避孕措施。

晓丹说舞蹈女演员的职业周期较短，怀孕生子必然失去登台机会，甚至会让职业生涯画上句号，自己特别钟爱舞蹈事业，想趁着年轻多在舞台上绽放自己的美丽，等过了舞蹈演员的黄金年龄再生育孩子。

张义知道晓丹不愿生育后十分生气，觉得晓丹自私自利，完全不为家庭的未来考虑，而且他认为错过适宜的生育年龄，不仅会影响晓丹和孩子的身心健康，而且会打乱整个家庭的生活规划，徒增风险。

两人对何时生育互不让步，争吵不休。面对晓丹的毫不妥协，张义于2018年5月以晓丹不履行生育义务侵犯其生育权为由向法院起诉离婚，并要求晓丹按照协议赔偿自己10万元精神损失费。

开庭时，晓丹表示不愿意离婚，声明自己不是选择"丁克"，只是想晚一点生孩子，好让自己在艺术生命最灿烂的时期拼搏事业。张义也承认自己还深爱着晓丹，只是无法接受晓丹在合适的年龄不生育的行为，让自己无法体验父亲的角色。

经审理，法院认为张义和晓丹的感情基础深厚，两人的矛盾仅是生育时间早晚的问题，完全可以通过协商来解决，没有发展到夫妻感情破裂的地步，不符合离婚条件，而写明赔偿 10 万元精神损失费的协议属于侵害生育自由的无效协议，最终驳回了张义主张离婚和赔偿 10 万元精神损失费的请求。

律师谈一谈

生育权是公民享有的基本人权之一，是法律赋予公民的一项基本权利，属于人身权的范围，夫妻双方各自都享有生育权。

生育权和婚姻自主权一样，都是夫妻双方各自为法律所确认的人格权，其行使受到法律的同等保护，不能因为权利行使产生冲突就认为构成侵权。

本案中，当时的法院依据《最高人民法院关于适用〈中华人民共和国婚姻法〉若干问题的解释（三）》第九条"夫以妻擅自中止妊娠侵犯其生育权为由请求损害赔偿的，人民法院不予支持；夫妻双方因是否生育发生纠纷，致使感情确已破裂，一方请求离婚的，人民法院经调解无效，应依照婚姻法第三十二条第三款第（五）项的规定处理"的规定和夫妻一方第一次起诉离婚，不属于《中华人民共和国婚姻法》第三十二条规定的 5 种法定离婚理由的，在另一方不同意离婚的情况下，一般不判决离婚的司法实践原则作出驳回张义离婚请求的判决。

在司法实践中，夫妻双方都享有婚姻自主权，不能因为一方想离婚而另一方不同意，就认为不想离婚的一方侵犯了对方的婚姻自主权。同理，夫妻双方都享有生育权，不能因为一方不想生孩子或想要晚生孩子而另一方不同意，就认为不想生孩子或想要晚生孩子的一方侵犯了对方的生育权。一般来说，无论提出何种理由，只要夫妻感情没有破裂，法院就不会作出准予离婚的判决。

本案中，晓丹和张义的夫妻感情没有破裂，也不存在不可调和的矛盾，而且两人约定晓丹3年内不生育就赔偿张义10万元精神损失费的协议属于以侵害女性生育自由为条件的承诺，自始无效，因此，法院驳回了张义主张离婚和赔偿的请求。

其实，晓丹作为舞蹈演员，选择延迟生育是希望在事业上有所作为，而且愿意承担高龄生育风险，应该一开始就对张义坦诚相告，而不是用签订协议来拖延时间；张义应该站在晓丹的立场上考虑问题，给予体谅和包容，商定两人都能接受的生育时间，而不是用离婚的极端方式来使问题恶化。

*07　早生还是晚生？
我的子宫我做主！*

法律这样说

一、夫妻一方不愿生育，另一方可以离婚吗？

《中华人民共和国民法典》第一千零七十九条规定，夫妻一方要求离婚的，可以由有关组织进行调解或者直接向人民法院提起离婚诉讼。

人民法院审理离婚案件，应当进行调解；如果感情确已破裂，调解无效的，应当准予离婚。

有下列情形之一，调解无效的，应当准予离婚：

（一）重婚或者与他人同居；

（二）实施家庭暴力或者虐待、遗弃家庭成员；

（三）有赌博、吸毒等恶习屡教不改；

（四）因感情不和分居满二年；

（五）其他导致夫妻感情破裂的情形。

一方被宣告失踪，另一方提起离婚诉讼的，应当准予离婚。

经人民法院判决不准离婚后，双方又分居满一年，一方再次提起离婚诉讼的，应当准予离婚。

该条法律规定在《中华人民共和国婚姻法》第三十二条规定

的内容基础上,将"男女一方"改为"夫妻一方",将"重婚或有配偶者与他人同居的"改为"重婚或者与他人同居",规范了语言表述,并将"有关部门"改为"有关组织",扩大了调解的渠道,鼓励多渠道解决纠纷;同时,糅合《关于人民法院审理离婚案件如何认定夫妻感情确已破裂的若干具体意见》第7条"因感情不和分居已满3年,确无和好可能的,或者经人民法院判决不准离婚后又分居满1年,互不履行夫妻义务的"规定的内容,新增一种准予离婚的情形,避免离婚诉讼"久调不判"。

法院判决离婚的依据是夫妻感情确已破裂。感情是人的主观感受,不同人的感情体验千差万别,对于这种看不见、摸不到的感情问题,很难把握评价尺度。因此,《中华人民共和国民法典》列明了在调解无效时应当准予离婚的五种法定情形,并将第五种情形(其他导致夫妻感情破裂的情形)设置为兜底性条款,方便法官在司法裁判时作出夫妻感情破裂的认定。此外,还列出提起离婚诉讼后无须调解即准予离婚的两种情形:

一方被宣告失踪,另一方提起离婚诉讼。鉴于失踪者无法履行夫妻义务,婚姻中的一方缺位,导致夫妻关系名存实亡,属于应当判决离婚的条件。

经人民法院判决不准离婚后,双方又分居满一年,一方再次提起离婚诉讼。法院判决不准离婚后,双方采用分居的方式对抗共同生活达到了一年的时间,由此可知夫妻之间的矛盾没有缓和且双方的离婚态度决绝,属于应当判决离婚的条件,毕竟"强扭的瓜不甜"。

当夫妻一方坚持不生育时,另一方无权强迫其生育,如果另一方坚持要求生育,一方拒不配合,造成双方就是否生育问题始终无法达成一致,从而导致夫妻感情破裂的,任何一方均可向法院提起离婚诉讼,法院经调解无效认定双方感情确已破裂的,则作出准予离婚的判决。

二、生不生孩子,可否由女性说了算?

《中华人民共和国妇女权益保障法》第五十一条第一款规定,妇女有按照国家有关规定生育子女的权利,也有不生育的自由。

《中华人民共和国人口与计划生育法》第十七条规定,公民有生育的权利,也有依法实行计划生育的义务,夫妻双方在实行计划生育中负有共同的责任。

生育是婚姻的一个重要职能,婚姻中任何一方想要生育孩子的愿望都是合理的。在现代社会中,生育权的本质和特性决定了不能强制公民生育。

目前，我国公民享受的是建立在合法婚姻之下的生育自由，没有合法婚姻的男女双方无法享受生育自由。

公民有所限制的生育自由与我国当下倡导的完整家庭有利于子女成长以及夫妻双方对家庭和社会负有责任的理念息息相关。

夫妻双方生育意愿不一致时，任何一方要实现生育，都不得强迫不愿意生育的另一方生育或者与他人通奸私生，只能求助于法律解除婚姻关系，另寻与自己生育意愿一致的结婚对象。

孩子只有经过母体怀胎才能来到世上，生命的诞生需要女性付出更多——不仅要承受由生育行为带来的生理痛苦和精神压力，还可能要承担失去工作和自身发展落后的风险。因此，法律赋予了女性决定生与不生的自由即优先于男性的生育决定权。也就是说，如果妻子不愿意生育，丈夫不得以其享有生育权为由强迫妻子生育；妻子怀孕后，是否生育子女，应由妻子本人来决定。

三、夫妻双方签订的生育协议具有法律效力吗？

《中华人民共和国民法典》第一百五十三条规定，反法律、行政法规的强制性规定的民事法律行为无效。但是，该强制性规定不导致该民事法律行为无效的除外。

违背公序良俗的民事法律行为无效。

**07　早生还是晚生？
我的子宫我做主！**

《中华人民共和国民法总则》第八条规定，民事主体从事民事活动，不得违反法律，不得违背公序良俗。

生育权作为一项基本人权，是人类与生俱来的一项权利，是不可让渡的人身专属权利。是否生育、何时生育由夫妻商议后，取决于女方的生育意愿和决定，其他人无权干涉。

夫妻双方签订的协议不能违反法律与公序良俗。约定生育几个孩子、何时生育、必须生出男孩等内容的生育协议，由于设置了限制人身权的条件，违反了人权平等的基本原则，是没有法律效力的，也就不存在任何一方承担违约责任的问题。

需要注意的是，即使是女性主动做出生几个、生男孩等承诺，但由于侵害了女性的生育自由，这种生育协议也是没有法律效力的。

温馨小贴士

在现代社会中，女性不仅可以"我的婚姻我做主"，而且可以"我的子宫我做主"。

在婚姻关系中，夫妻双方均享有平等的生育权，生育权的实现需要夫妻双方配合。生育权是一种选择权，既可以选择生，也可以选择不生；既可以选择早生，也可以选择晚生，不能强求。坚持不生育和渴望并坚持生育后代的夫妻双方都有维护自身生育立场和利益的权利。

生育计划是夫妻双方就生育规划、生育时间、生育数量等达成的计划。生育不仅要求具备一定的物质基础，还需要具备成熟的心智条件。当夫或妻一方没有对迎接新生命做好准备的时候，不要贸然、仓促地成为父母，这不仅是对不愿生育一方的不尊重，更是对孩子的不负责任。

目前，国家放开了"二孩"生育政策，围绕"生与不生"的矛盾可能会越来越多。在"生与不生"中纠结不定的夫妻，需要从个人和家庭的实际情况出发，在尊重对方生育自由的前提下，做出深思熟虑的决定。在双方不能达成一致生育愿望而产生生育权行使冲突时，应遵循夫妻生育权协商行使的原则，通过相互协调、耐心沟通来加以解决，不宜以自己享有生育权为由过度对抗另一方合理的生育需求。

08 就这么默默忍受？家暴并非家务事！

张英嫁给王雷的12年，是生活在地狱里的12年。结婚以后，张英除了承担家庭重担之外，还要承受王雷的拳打脚踢。

2016年3月19日中午，由于张英没有及时接听王雷的电话，王雷将张英拖到院子里狠揍，在张英被打倒在地之后，王雷随手拿起一个马扎向张英的腰部狠狠砸去……

晚饭时，张英把一瓶安眠药磨碎倒进王雷的饭菜里，王雷吃下后倒头就睡。张英推了推沉睡不醒的王雷，12年的屈辱与折磨将她化作一条吞噬一切的巨蟒：她用厚厚的棉被裹住王雷的头部，双手死死地卡住他的脖子，直到他一动不动……

事后，张英打电话报警自首。经检查，法医发现她有5根肋骨骨折、7处陈旧性骨折，外伤性疤痕几乎遍布全身。

法院考虑到本案受害人王雷存在长期实施家庭暴力的重大过错，依据《最高人民法院关于贯彻宽严相济刑事政策的若干意见》第 22 条"对于因恋爱、婚姻、家庭、邻里纠纷等民间矛盾激化引发的犯罪，因劳动纠纷、管理失当等原因引发、犯罪动机不属恶劣的犯罪，因被害方过错或者基于义愤引发的或者具有防卫因素的突发性犯罪，应酌情从宽处罚"的规定，以故意杀人罪从轻判处张英 15 年有期徒刑。

律师谈一谈

本案中，张英以极端的方式结束了自己长期被家暴的苦难生活，服刑后的她时常感叹在狱中的日子比跟王雷在一起时轻松得多，但她付出的代价实在是太大了。

很多像张英一样长期遭受家庭暴力的女性，对丈夫的暴力行为逆来顺受。或许是存有对"和平时期"的留恋，或许是觉得"家丑不可外扬"，或许是为了孩子委曲求全……总之，种种原因让她们没有意识到作为施暴者的丈夫应该受到法律的制裁，而当她们的忍耐达到极限时，就会出现以暴制暴、鱼死网破的恶性犯罪事件。

08 就这么默默忍受？家暴并非家务事！

根据全国妇联和国家统计局公布的数据，在全国 2.7 亿个家庭中，遭受过家庭暴力的女性比例已高达 30%，每 7.4 秒就有一名女性遭受家庭暴力；每年有近 10 万个家庭因家庭暴力而解体；施暴者九成是男性，受害人大多是妇女、儿童和老人。在遭受家庭暴力的女性中，有很多人受过高等教育，但她们在面对家庭暴力时也不知道如何维护自己的合法权益，可见反家庭暴力的普法宣传任重道远。

由于家庭暴力伤害发生在相对封闭的家庭环境、相对亲密的家庭成员之间，且不说调查取证较难，有的受害者也不愿被外人知晓，更别说报警求助了，甚至警方取证后要对施暴者采取强制措施时，经常会出现受害人为施暴者求情、要求自家事自家解决的场面。

随着社会水平的提高、个人意识的觉醒，家庭暴力问题逐渐被社会关注并重视。

2001 年，修正后的《中华人民共和国婚姻法》第一次在基本法层面明确规定"禁止家庭暴力"，并规定了对家庭暴力的救助措施和对施暴者的行政处罚，"家庭暴力"不仅成为法律术语，也成为法律明确禁止的行为。

2016 年 3 月 1 日，我国首部反对家庭暴力的法律——《中华人民共和国反家庭暴力法》正式施行,明确了家庭暴力的性质和法律责任,让清官难断的"家务事"有了国法可依。

立法反对家庭暴力,就是希望通过法律的形式维护弱势群体权益、保障家庭生活和谐,落实"家庭成员之间人格平等,相互尊重"的社会主义道德标准,让施暴者收起暴力的棍棒,让受害者不再成为沉默的羔羊。只有整个社会对家庭暴力说"不",让家庭暴力无处遁形,才能消除家庭暴力的土壤,减少甚至避免再次出现张英这样的悲剧。

法律这样说

一、如何界定家庭暴力?

《中华人民共和国反家庭暴力法》第二条规定,本法所称家庭暴力,是指家庭成员之间以殴打、捆绑、残害、限制人身自由以及经常性谩骂、恐吓等方式实施的身体、精神等侵害行为。

《中华人民共和国反家庭暴力法》第三十七条规定,家庭成员以外共同生活的人之间实施的暴力行为,参照本法规定执行。

《中华人民共和国反家庭暴力法》列举了常见的家庭暴力行为,是制裁家庭暴力的法律依据。除了将家庭暴力界定为一般理

08 就这么默默忍受?
家暴并非家务事!

解的殴打、捆绑、残害、限制人身自由等身体暴力之外,还明确包括以前较为忽视的经常性谩骂、恐吓等精神暴力,不过仍没有将"冷暴力"(拒绝交流、漠不关心、性惩罚、经济控制等)归为家庭暴力。

这是因为对于首部专门界定家庭暴力的立法,不宜将家庭暴力做扩大化解释,"等侵害行为"的表述既为日后制定实施细则或司法解释留有空间,也为法官提供了具体情况的自由裁量空间,可以将法律未明确表述的仍有争议的行为纳入"等"的行为类型之中。

此外,将家庭暴力定义为"侵害行为",减轻了受害人的举证责任,只要出现家庭暴力行为即可,不需要受害人遭受家庭暴力后出现致害后果。也就是说,家庭暴力是行为构成,而不要求结果构成。法律的这种规定符合日常生活中家庭暴力形式多样、情况复杂的特点,减轻了受害人的举证压力。

家庭暴力与其他暴力侵害行为的根本区别在于实施主体之间的亲密性,这使得暴力行为具有目的控制性、过程隐蔽性、周期反复性等特殊表现,因此需要法律的特别保护。一般来说,家庭暴力的主体是家庭成员(配偶、父母、子女及其他共同生活的近亲属),但有些具有近亲属关系但未共同生活的人之间发生暴力行为就不能适用《中华人民共和国反家庭暴力法》。

在现实生活中广泛存在情侣同居关系、家庭雇佣关系、委托照料监护关系等，在这些共同生活主体之间发生的暴力行为与家庭成员之间的暴力行为具有同质性，都应该被纳入反家庭暴力的保护之中。因此，《中华人民共和国反家庭暴力法》在附则中增加了准用条款，采用了"共同生活的人"的表述，扩大了主体适用范围，有力地保护了其他亲密关系中受暴力侵害人群的基本权利。

二、如何应对轻微家庭暴力？

《中华人民共和国反家庭暴力法》第十六条规定，家庭暴力情节较轻，依法不给予治安管理处罚的，由公安机关对加害人给予批评教育或者出具告诫书。

告诫书应当包括加害人的身份信息、家庭暴力的事实陈述、禁止加害人实施家庭暴力等内容。

《中华人民共和国反家庭暴力法》第十七条规定，公安机关应当将告诫书送交加害人、受害人，并通知居民委员会、村民委员会。

居民委员会、村民委员会、公安派出所应当对收到告诫书的加害人、受害人进行查访，监督加害人不再实施家庭暴力。

08 就这么默默忍受？家暴并非家务事！

《中华人民共和国反家庭暴力法》第二十条规定，人民法院审理涉及家庭暴力的案件，可以根据公安机关出警记录、告诫书、伤情鉴定意见等证据，认定家庭暴力事实。

对于情节较轻的家庭暴力，《中华人民共和国反家庭暴力法》提出了"告诫书"惩治形式，这一告诫制度是该法的一大亮点，既为公安机关及时干预家庭暴力提供了利器，也为家庭暴力受害者提供了护身符。

根据家庭暴力告诫制度的规定，在公安机关出具告诫书后，居民委员会、村民委员会和公安派出所这些基层组织要注重查访监督，进一步保护受害人，并明确了告诫书具有用来认定家庭暴力事实的证据作用，可据此裁定人身安全保护令或者判决准予离婚，对受害人给予损害赔偿等。

对于家庭暴力受害女性来说，一定要对轻微家庭暴力重视起来。家庭暴力会反复发生、具有周期性，甚至一次比一次严重，因此，在第一次遭受家庭暴力时就要马上说"不"，及时向公安机关报案，拿到告诫书后要保存好，多方利用社会监督，防止家庭暴力行为进一步恶化。只有对家庭暴力零容忍，才会让施暴者意识到家庭暴力不是家庭成员之间的小事，而是一种违法行为，后果严重的还会被追究刑事责任。

三、发现家庭暴力行为应该怎么做？

《中华人民共和国反家庭暴力法》第十四条规定，学校、幼儿园、医疗机构、居民委员会、村民委员会、社会工作服务机构、救助管理机构、福利机构及其工作人员在工作中发现无民事行为能力人、限制民事行为能力人遭受或者疑似遭受家庭暴力的，应当及时向公安机关报案。公安机关应当对报案人的信息予以保密。

《中华人民共和国反家庭暴力法》第十五条规定，公安机关接到家庭暴力报案后应当及时出警，制止家庭暴力，按照有关规定调查取证，协助受害人就医、鉴定伤情。

无民事行为能力人、限制民事行为能力人因家庭暴力身体受到严重伤害、面临人身安全威胁或者处于无人照料等危险状态的，公安机关应当通知并协助民政部门将其安置到临时庇护场所、救助管理机构或者福利机构。

《中华人民共和国反家庭暴力法》第十八条规定，县级或者设区的市级人民政府可以单独或者依托救助管理机构设立临时庇护场所，为家庭暴力受害人提供临时生活帮助。

发现他人遭受家庭暴力时，《中华人民共和国反家庭暴力法》提出了强制报告义务和临时庇护制度。

强制报告义务是该法的又一大亮点，也是特殊保护原则的具体化，明确了该法不仅是婚姻家庭法，更是社会保护法，反家庭暴力不仅是家务事或公安机关的责任，而是社会上每个组织、每个个体的共同责任。

家庭暴力不是个人私事而是社会公害，不是家庭琐事而是违法犯罪，全社会对家庭暴力都要零容忍。出现家庭暴力时，受害人可以寻求公权力的干预与保护，使家庭不再是隔离于社会的孤岛；同时，家庭之外的组织及其工作人员发现疑似遭受家庭暴力的，也应当向公安机关报案。只要全社会都积极履行反对家庭暴力的义务，家庭暴力就无处遁形了。

临时庇护制度为家庭暴力受害人提供了紧急安置场所，让家庭暴力受害人可以立即远离侵害。家庭暴力受害人如果暂时无法回归家庭，有必要寻求临时庇护的，可以联系当地妇联，请求妇联与当地的救助站联系，协调解决自己的暂时居住问题。

四、如何申请人身安全保护令？

《中华人民共和国反家庭暴力法》第二十三条规定，当事人因遭受家庭暴力或者面临家庭暴力的现实危险，向人民法院申请人身安全保护令的，人民法院应当受理。

当事人是无民事行为能力人、限制民事行为能力人，或者因受到强制、威吓等原因无法申请人身安全保护令的,其近亲属、公安机关、妇女联合会、居民委员会、村民委员会、救助管理机构可以代为申请。

《中华人民共和国反家庭暴力法》第二十四条规定,申请人身安全保护令应当以书面方式提出;书面申请确有困难的,可以口头申请,由人民法院记入笔录。

《中华人民共和国反家庭暴力法》第二十七条规定,作出人身安全保护令,应当具备下列条件:

(一)有明确的被申请人;

(二)有具体的请求;

(三)有遭受家庭暴力或者面临家庭暴力现实危险的情形。

《中华人民共和国反家庭暴力法》第二十九条规定,人身安全保护令可以包括下列措施:

(一)禁止被申请人实施家庭暴力;

(二)禁止被申请人骚扰、跟踪、接触申请人及其相关近亲属;

(三)责令被申请人迁出申请人住所;

(四)保护申请人人身安全的其他措施。

人身安全保护令制度是《中华人民共和国反家庭暴力法》的最大亮点。在该法施行之前，在一般情况下，家庭暴力受害人只有在离婚过程中才能申请人身保护令，而该法将人身安全保护令作为独立的司法程序，即使不想离婚，也可以在认定家庭暴力后，要求法院给予人身安全保护，有效制止家庭暴力再次发生。

人身安全保护令的有效期不超过6个月，自作出之日起生效。在人身安全保护令失效前，人民法院可以根据申请人的申请撤销、变更或者延长其有效期。在司法实践中，人身安全保护令由人民法院执行，公安机关、居民委员会、村民委员会等协助执行，对被申请人（施暴者）具有很强的威慑作用。

温馨小贴士

在现实生活中，很多遭受家庭暴力的受害女性不知道如何寻求保护和维权，这种沉默与忍耐反而助长了更加猛烈、频繁和持久的暴力行为。

当前，我国反家庭暴力工作遵循五大原则——对家庭暴力零容忍原则；共同责任原则；预防为主，教育、矫治与惩处相结合原则；尊重受害人真实意愿，保护当事人隐私原则；特殊群体特殊保护原则，并在法律上提供了报警求助、强制报告义务、公安告诫制度、临时庇护、人身安全保护令、起诉追究法律责任等较为充分的救济途径和调解渠道，能够有力地打击家庭暴力行为。

因此，受害女性要勇于运用法律武器，在遭受家庭暴力的初期及时向暴力发生地的公安机关、民政机关、妇女儿童救助机构和媒体等寻求帮助，绝不可以无原则地忍让，对经教育仍不悔改或者屡次再犯的施暴配偶则应坚决解除夫妻关系。

受害女性必须明白，当施暴者的家庭暴力行为构成违反治安管理行为时，施暴者能够被依法给予治安管理处罚；构成犯罪时，能够被依法追究刑事责任。

为了保护自己和家人的安全，遭受家庭暴力时，受害女性可以采取以下四种取证方式并及时提交给司法机关。

1. 在第一时间报警，公安机关的接警记录、受案登记、调查、询问笔录、告诫书等，相关证人证言，施暴人承诺书，电话录音、短信、微博、微信、QQ聊天记录等都可以作为证据。

2. 及时对施暴过程和伤情部位进行拍照或录像留证，医院就诊病历是有力证据。

3. 到妇联或公安机关开具验伤通知，及时对伤情等级做出评定，伤情鉴定报告也是有力证据。

4.向工作单位、基层群众自治性组织、妇联、法律援助机构等投诉、反映、求助,相应的接待记录也可作为证据。

总之,遭受家庭暴力时,受害女性要注意保留证据,如此才能在关键时候让自己获得保护,让施暴者受到惩罚。

只有个体具备较强的反家庭暴力的权利意识和法制意识,妇女儿童组织、公安机关、司法机关、社区组织、学校、医疗机构、救助管理机构等充分加入反家庭暴力活动中,《中华人民共和国反家庭暴力法》才能真正得到落实、发挥重要作用,家庭暴力才会离我们越来越远。

09　忙到没时间？还得常回家看看！

2009年3月，年过七旬的储老太太与女儿马某、女婿朱某签订了《养老暨房产处理协议》，约定老两口将卖老房子的钱给女儿，以后跟随女儿共同生活，由女儿养老送终。

2009年8月，储老太太的老伴去世，储老太太继续与女儿一家居住在一起。

2012年8月，储老太太与女儿一家发生矛盾导致无法共同生活。老人遂搬离女儿的房子单独居住，女儿、女婿承诺支付房租并定期看望老人。

然而，储老太太搬出去之后，女儿、女婿一直未去看望，也没有支付储老太太的后续房租。

2013年4月3日，77岁的储老太太到法院起诉女儿、女婿，要求女儿、女婿给付租房费用，并定期及在传统节假日至其住所看望。

2013年7月1日，就在新修订的《中华人民共和国老年人权益保障法》正式施行的当日，无锡市北塘区人民法院对案件进行了公开宣判：被告马某、朱某除承担储老太太的租房费用外，还需至少每两个月到储老太太的住所看望一次。

律师谈一谈

本案是将"常回家看看"写入法条后的首例判决。

1999年，陈红的一首《常回家看看》红遍大江南北，表达了父母对离家子女的期盼，唱出了老年人的心声。

2013年7月1日，新修订的《中华人民共和国老年人权益保障法》将"常回家看看"入法，要求年轻人不能因为忙碌而忘记亲情，应在保证物质赡养质量的同时，重视对老年人的精神赡养，包括人格尊重、成就安心和情感慰藉。自此，为老年人提供精神赡养从道德要求上升到了法律义务。

精神赡养是老年人权益保障的一个重要维度，将"常回家看看"入法，既强调伦理道德的正义性，又为司法实践提供了依据，体现了法律的温情与善意。

本案中,虽然法院对储老太太的两项诉讼请求都给予了支持,并根据双方的实际情况判决了探望的次数和频率,但此后女儿、女婿"常回家看看"是为了履行判决义务,还是真心愿意对储老太太进行精神赡养,我们不得而知。

法院判决只能约束当事人行为的最低限,无法约束道德层面问题。法院可以依据相关法律规定作出要求子女经常探望老年人的判决,但判决生效后是否探望以及探望的质量和效果如何,还得靠子女本身来落实和保障。

其实,老年人真正需要的精神赡养是子女发自内心的关爱与接纳,只有真心实意地与老年人进行情感沟通与交流,才能让老年人享受天伦之乐,让晚年生活不孤单。如果只是流于形式地被迫履行义务,那就失去了将"常回家看看"入法的真正意义。

法律这样说

一、对老年人的赡养义务有哪些?

《中华人民共和国老年人权益保障法》第十四条规定,赡养人应当履行对老年人经济上供养、生活上照料和精神上慰藉的义务,照顾老年人的特殊需要。

赡养人是指老年人的子女以及其他依法负有赡养义务的人。

赡养人的配偶应当协助赡养人履行赡养义务。

《中华人民共和国老年人权益保障法》第十五条规定，赡养人应当使患病的老年人及时得到治疗和护理；对经济困难的老年人，应当提供医疗费用。

对生活不能自理的老年人，赡养人应当承担照料责任；不能亲自照料的，可以按照老年人的意愿委托他人或者养老机构等照料。

《中华人民共和国老年人权益保障法》第十六条规定，赡养人应当妥善安排老年人的住房，不得强迫老年人居住或者迁居条件低劣的房屋。

老年人自有的或者承租的住房，子女或者其他亲属不得侵占，不得擅自改变产权关系或者租赁关系。

老年人自有的住房，赡养人有维修的义务。

《中华人民共和国老年人权益保障法》第十八条规定，家庭成员应当关心老年人的精神需求，不得忽视、冷落老年人。

与老年人分开居住的家庭成员，应当经常看望或者问候老年人。

用人单位应当按照国家有关规定保障赡养人探亲休假的权利。

《中华人民共和国老年人权益保障法》第十九条规定，赡养人不得以放弃继承权或者其他理由，拒绝履行赡养义务。

赡养人不履行赡养义务，老年人有要求赡养人付给赡养费等权利。

赡养人不得要求老年人承担力不能及的劳动。

《中华人民共和国老年人权益保障法》第二十条规定，经老年人同意，赡养人之间可以就履行赡养义务签订协议。赡养协议的内容不得违反法律的规定和老年人的意愿。

基层群众性自治组织、老年人组织或者赡养人所在单位监督协议的履行。

随着我国老龄化进程的加快，老年人的权益保障成了社会关注的焦点问题。老年人为子女和社会辛苦奉献了大半生，步入有限的晚年时光后却逐渐成为社会弱势群体，如何让老年人老有所养、老有所乐，既是整个国家和社会的责任，更是子女的道德义务和法律责任。

我国老年人多以居家养老为主，子女对老年人的赡养义务不仅是进行经济供养，还需要给予生活照料和精神慰藉，满足老年人的自尊需求、期待需求和金钱需求。在快节奏的现代生活中，子女更应该重视对老年人的精神赡养，让"常回家看看"不仅是法律义务，而且是道德良知，更是亲情流露。

二、老年人被拒绝赡养，应该怎么办?

《中华人民共和国民法典》第一千零六十七条第二款规定，成年子女不履行赡养义务的，缺乏劳动能力或者生活困难的父母，有要求成年子女给付赡养费的权利。

《中华人民共和国老年人权益保障法》第二十四条规定，赡养人、扶养人不履行赡养、扶养义务的，基层群众性自治组织、老年人组织或者赡养人、扶养人所在单位应当督促其履行。

《中华人民共和国老年人权益保障法》第七十三条规定，老年人合法权益受到侵害的，被侵害人或者其代理人有权要求有关部门处理，或者依法向人民法院提起诉讼。

人民法院和有关部门，对侵犯老年人合法权益的申诉、控告和检举，应当依法及时受理，不得推诿、拖延。

《中华人民共和国老年人权益保障法》第七十五条规定，老年人与家庭成员因赡养、扶养或者住房、财产等发生纠纷，可以申请人民调解委员会或者其他有关组织进行调解，也可以直接向人民法院提起诉讼。

人民调解委员会或者其他有关组织调解前款纠纷时，应当通过说服、疏导等方式化解矛盾和纠纷；对有过错的家庭成员，应当给予批评教育。

人民法院对老年人追索赡养费或者扶养费的申请，可以依法裁定先予执行。

《中华人民共和国老年人权益保障法》第七十六条规定，干涉老年人婚姻自由，对老年人负有赡养义务、扶养义务而拒绝赡养、扶养，虐待老年人或者对老年人实施家庭暴力的，由有关单位给予批评教育；构成违反治安管理行为的，依法给予治安管理处罚；构成犯罪的，依法追究刑事责任。

《中华人民共和国老年人权益保障法》第七十七条规定，家庭成员盗窃、诈骗、抢夺、侵占、勒索、故意损毁老年人财物，构成违反治安管理行为的，依法给予治安管理处罚；构成犯罪的，依法追究刑事责任。

当前，我国老年人以家庭养老为主、社会机构专业养老为辅。由于老年人对新生事物接受度低，逐渐与社会脱节，话语权式微，而且很多老年人哪怕被不孝顺的子女拒绝赡养，也会出于"家丑不可外扬"的思想，不愿让别人知道自己遭受了不公正对待。

维护老年人的合法权益，首先要提高老年人的法律意识。当老年人得不到合理赡养或者财产权益、婚姻自由等权利受到侵害时，不仅可以向居委会、村委会、司法所、老龄委等寻求保护，还可以到法院提起民事诉讼，并对严重的犯罪行为向公安机关报案。目前，各部门为老年人的维权开辟了绿色通道，能够及时为老年人提供帮助。

在司法实践中，对于老年人被拒绝赡养，法院判决子女履行物质赡养义务的案件比较常见也易于执行，而精神赡养较难执行。可见，关爱老年人需要的不仅是法律的保障，而且是家庭、社会从道德层面发自内心的关心与呵护。

温馨小贴士

2020年，我国60岁及以上老年人将达2.55亿人，占总人口的17.8%左右，其中有近一半老年人过着独居和"空巢"生活。独守"空巢"的老年人可能物质条件不成问题，但严重缺乏精神慰藉，时常见诸报道的老年人被骗和老年人遭遇意外无人知晓的问题就是例证。

"常回家看看"属于社会类立法，没有实施细则，既无法量化，也无法强制执行，毕竟精神感情层面的问题仅靠法律是不能解决的。如果子女与原生家庭存在不可调和的矛盾，那么用法律逼迫他们回去，只会制造新的冲突，反倒增加老年人的不幸福感。

之所以将"常回家看看"入法，是出于立法引导和教化功能的考虑，把道德和美德的价值概念用法律体现出来，把对老年人的精神赡养灌输到人们的潜意识之中，强调孝道文化在法律层面的量化。

现代社会发展迅速，很多子女与父母不在一个城市，甚至不在一个国家。如果子女在客观条件上不能实现"常回家看看"，那就要多和父母打电话、发微信，让默默牵挂子女的父母多了解子女的生活，让父母的情感有所寄托，同时子女要多了解、关注父母的生活状态，帮助父母找到生活的乐趣。

老年人的今天就是我们的明天，善待老年人就是善待未来的自己。只有做好对老年人的精神赡养，让亲情守护世代相传，让"常回家看看"深入每个人的心里，才能让"空巢"父母与子女的距离从"天涯"变为"咫尺"。

10　父母想再婚？早做财产安排！

王大爷退休前在一家国企担任领导，收入颇丰。清闲舒适的退休生活仅过了5年，王大爷的老伴就因病去世了。后来，王大爷在老年活动中心认识了同样丧偶的李阿姨，两人兴趣相投，经常在一起谈心。随着交往日益密切，两人都有了再婚的想法。

王大爷召开了家庭会议，想听听儿女对他再婚的意见。李阿姨比王大爷年轻16岁，是一名退休工人，和儿子一家同住，没有自己的独立住房，退休工资仅为王大爷的三分之一。知道这些情况后，王大爷的儿女担心李阿姨是看上了王大爷的优渥条件，希望王大爷慎重考虑。

王大爷不为所动，坚持要与李阿姨结婚。于是，王大爷的儿女提出两个条件：第一，王大爷与李阿姨要在婚前签订书面财产协议,约定两人婚前的房子和存款归各自所有;第二,王大爷要立下遗嘱,写明在他去世以后,其房子仅由亲生儿女继承,排除李阿姨的继承权。王大爷对儿女提出的条件非常生气,家庭会议不欢而散。

之后,王大爷不顾儿女反对,迅速和李阿姨登记结婚。再婚后的6年时间里,王大爷的儿女很少上门探望。2015年,王大爷因突发脑中风住院,他的儿女只到医院探望了几次,而李阿姨尽心陪护了两个月。

儿女的疏远让王大爷非常寒心,同时也担心自己去世之后,李阿姨会流离失所,于是王大爷在出院后,通过赠与的方式,在房产证上添加了李阿姨的名字。

令人意想不到的是,2017年李阿姨突发心脏病去世,李阿姨的儿子在料理后事时,发现写有李阿姨名字的房产证,要求继承李阿姨的房产份额,并将王大爷起诉到法院。

在法官的调解下,王大爷的儿女凑齐100万元补偿款交给李阿姨的儿子,才保住了王大爷的房子,结束了这场继承权纠纷。

10 父母想再婚?
早做财产安排!

律师谈一谈

当前,我国已进入老龄化社会,随着社会的进步、人均寿命的提高,有再婚需求的老年人越来越多。然而,在现实生活中,老年人的再婚之路并不顺畅。

一方面,老年人再婚往往会受到子女的阻挠,虽然再次步入幸福的婚姻,但和子女的关系一落千丈,有的子女甚至不再承担赡养义务。

另一方面,老年人再婚往往存在对方有谋求财产的不良企图和产生遗产继承纠纷的问题,这是老年人再婚的最大风险。

本案中,王大爷通过在房产证上增加共有人的方式,将自己单方所有的婚前房产变更成夫妻共有房产,李阿姨由此成为房产的共有人,对房产拥有了一半产权。在李阿姨去世之后,属于她的一半产权就成为她的遗产,她的儿子作为她的法定继承人就有了依法继承她的遗产的权利。

因房产被王大爷占有使用,李阿姨的儿子提起继承诉讼,要求根据房屋的评估价值分割自己依法继承的财产。王大爷的儿女只能将属于李阿姨儿子继承的房产份额比例核算成对应的房屋价款,即向李阿姨的儿子支付100万元的对价,将李阿姨儿子将要继承的房产份额买了回来。

如果在王大爷召开家庭会议的时候,王大爷的儿女态度不那么生硬,王大爷也许不会匆忙结婚,和儿女的感情也就不会疏远。其实,当时大家应该坐下来坦诚商议并签订书面协议,约定即使王大爷去世,李阿姨也可以一直无偿居住在王大爷的房子里,待李阿姨去世之后再由王大爷的儿女继承房产。这样一来,既能解除王大爷和李阿姨的后顾之忧,又能防止王大爷和儿女感情疏远,更能避免发生继承纠纷。

法律这样说

一、老年人再婚的法律保障是什么?

《中华人民共和国民法典》第一千零六十九条规定,子女应当尊重父母的婚姻权利,不得干涉父母离婚、再婚以及婚后的生活。子女对父母的赡养义务,不因父母的婚姻关系变化而终止。

《中华人民共和国老年人权益保障法》第二十一条规定,老年人的婚姻自由受法律保护。子女或者其他亲属不得干涉老年人离婚、再婚及婚后的生活。

赡养人的赡养义务不因老年人的婚姻关系变化而消除。

前一条法律规定在《中华人民共和国婚姻法》第三十条规定的内容基础上，增加了不得干涉父母离婚的内容。也就是说，父母离婚与再婚一样，不受子女的干涉。

老年人也有追求爱情的权利，子女不能用自己面临的现实问题去阻碍父母再婚。虽然老年人组建再婚家庭后，可能会对子女探望老人、老人协助照顾孙辈等产生一些影响，但子女可以通过灵活的方式来解决这些问题，比如将上门探望改为电话交流，接纳新的家庭成员共同生活等。

在司法实践中，老年人再婚之后的常见问题是子女不再履行赡养义务，尤其是融入别人家庭的再婚老人的子女往往想当然地以为父母再婚组建了新的家庭，意味着父母放弃原来的家庭财产、可以免除自己的赡养义务。这种想法是错误的。老年人再婚后，无论到哪里生活，都不影响成年子女对其履行应尽的赡养义务，也不影响其享有原来的家庭财产。

如果再婚老人需要子女赡养，而子女将老人再婚作为不履行赡养义务的借口，那么再婚老人可以请求村委会、居委会、司法所、老龄委、老年人权益保护机构代为调解解决，还可以到法院起诉坚持不履行赡养义务的子女。

二、老年人可以通过什么方式处分个人财产？

《中华人民共和国民法典》第一千一百三十三条规定，自然人可以依照本法规定立遗嘱处分个人财产，并可以指定遗嘱执行人。

自然人可以立遗嘱将个人财产指定由法定继承人的一人或者数人继承。

自然人可以立遗嘱将个人财产赠与国家、集体或者法定继承人以外的组织、个人。

自然人可以设立遗嘱信托。

《中华人民共和国民法典》第一千一百四十四条规定，遗嘱继承或者遗赠附有义务的，继承人或者受遗赠人应当履行义务。没有正当理由不履行义务的，经利害关系人或者有关组织请求，人民法院可以取消其接受附义务部分遗产的权利。

《中华人民共和国老年人权益保障法》第二十二条规定，老年人对个人的财产，依法享有占有、使用、收益和处分的权利，子女或者其他亲属不得干涉，不得以窃取、骗取、强行索取等方式侵犯老年人的财产权益。

老年人有依法继承父母、配偶、子女或者其他亲属遗产的权利，有接受赠与的权利。子女或者其他亲属不得侵占、抢夺、转移、隐匿或者损毁应当由老年人继承或者接受赠与的财产。

老年人以遗嘱处分财产，应当依法为老年配偶保留必要的份额。

第一条法律规定在《中华人民共和国继承法》第十六条规定的内容基础上，将"公民"改为"自然人"；明确可以立遗嘱将个人财产赠与组织、个人；增加了依法设立遗嘱信托的规定，这是遗嘱制度的一大突破，由自然人指定有资质的信托机构担任受托人，管理处分信托财产，防止财产被侵占或挥霍，解决财产传承难题。

第二条法律规定与《中华人民共和国继承法》第二十一条规定的内容基本一致，只是语言表述更加规范。

老年人在处分个人财产时，需要明确可以继承的个人财产主要包括属于个人所有的、可以支配的合法财产，比如个人名下的房产、存款、车辆、股权、股票、知识产权以及其他合法财产。不仅可以设立遗嘱信托，还可以订立附有义务的、指定遗嘱执行人的遗嘱。

需要注意的是，立遗嘱人与遗嘱执行人之间是一种委托关系。遗嘱执行人是按照立遗嘱人的意思分配遗产的人（既可以是法定继承人，也可以是法定继承人之外的人；既可以是一人，也可以是多人，但必须都是具有完全民事行为能力的公民）或组织（单位、村委会、居委会、工会等）。

遗嘱是遗嘱人处分个人财产的行为，只在遗嘱人死亡之后才发生法律效力。订立遗嘱后，遗嘱人认为遗嘱不当或者改变主意的，只要在死亡之前具备完全民事行为能力，就可以随时撤回或变更之前所立的遗嘱，充分体现遗嘱人处分财产的自由意志。

三、法律对居住权的规定有哪些？

《中华人民共和国民法典》第三百六十六条规定，居住权人有权按照合同约定，对他人的住宅享有占有、使用的用益物权，以满足生活居住的需要。

《中华人民共和国民法典》第三百六十七条规定，设立居住权，当事人应当采用书面形式订立居住权合同。

居住权合同一般包括下列条款：

（一）当事人的姓名或者名称和住所；

（二）住宅的位置；

（三）居住的条件和要求；

（四）居住权期限；

（五）解决争议的方法。

《中华人民共和国民法典》第三百六十八条规定，居住权无偿设立，但是当事人另有约定的除外。设立居住权的，应当向登记机构申请居住权登记。居住权自登记时设立。

《中华人民共和国民法典》第三百六十九条规定，居住权不得转让、继承。设立居住权的住宅不得出租，但是当事人另有约定的除外。

《中华人民共和国民法典》第三百七十条规定，居住权期限届满或者居住权人死亡的，居住权消灭。居住权消灭的，应当及时办理注销登记。

《中华人民共和国民法典》第三百七十一条规定，以遗嘱方式设立居住权的，参照适用本章的有关规定。

首次入法的居住权是《中华人民共和国民法典》物权编的一大亮点，具有重要的社会意义和法治价值。《中华人民共和国民法典》施行后，我国公民对房屋享有的权利包括房屋所有权、土地使用权和居住权。

居住权是指居住权人对他人所有房屋的全部或者部分及其附属设施所享有的占有、使用之权利。一方面，居住权属于他物权，既不包括因租赁、借用而产生的居住现象，也不包括基于亲属关系形成的居住现象；另一方面，居住权是为特定的人设定的支配性财产权，除了当事人之间另有约定之外，居住权人不用支付对价，系无偿占用、使用房屋。

需要注意的是，居住权必须依法办理登记才具有对抗效力，而且其设定期限没有限制，可以设定终生居住。在设定的居住期限内，如果没有法定或约定的事由，房屋的所有权人不能要求居住权人搬离，即使房屋被卖掉或者被继承，通过购买或者继承获得房屋所有权的人也不能要求居住权人搬离。

温馨小贴士

再婚老人的晚年生活是否幸福取决于再婚家庭成员之间能否和睦相处。子女应该尊重老年人的情感，让老年人既能被温暖的亲情围绕，又能享受爱情的甜蜜。

子女应树立正确的财产价值观，不要妄图通过父母的再婚觊觎另一方的财产。如果担心再婚老人遇到财产纠纷问题，可以耐心地和老年人解释清楚再婚财产问题的重要性，恰当地引导老年人对自己的财产做出合法、合理、合情的处分，依法签订书面财产协议，约定再婚之后的财产哪些归个人所有、哪些归共同所有，并让各自的子女也都知晓协议内容，防止以后出现财产纠纷，有助于提高老年人的再婚质量。

此外，老年人可以在再婚时为配偶订立居住权合同，还可以订立附有义务的遗嘱,既可以保障子女的继承权、解决再婚无房配偶的居住问题,还可以防止子女不赡养自己、避免与再婚配偶子女产生经济纠纷。

老年人不要认为在身体健康的时候立遗嘱不吉利,其实在精神良好、身体健康时立遗嘱,更能保护自身利益。毕竟"天有不测风云,人有旦夕祸福",只有早一点对财产归属作出约定,才能在生活中多一分从容,避免产生诸多纠纷。

11 重男轻女？女儿也有继承权！

1995年，崔大爷经过规划批准在开屏镇建起了带有五间门面房的两层小楼，第二层供一家人居住生活，第一层的两间门面房用于崔家自营超市、三间门面房则对外出租。

崔大爷夫妇共生育两女一儿。2005年，两个女儿崔丽、崔玲先后出嫁，搬离崔家。2010年，儿子崔文结婚，之后一直和崔大爷夫妇住在一起。

2011年，崔大爷夫妇的身体状况越来越差，经常生病住院，三个子女便轮流陪伴照顾崔大爷夫妇。

2013年，崔大爷夫妇相继谢世，遗留的房屋便一直由崔文一家居住，三间门面房也由崔文收取租金。

2017年，崔玲找到崔文商议分割父母的遗产事宜。崔文认为出嫁的女儿属于外人，无权继承崔家的财产。

面对崔文的蛮不讲理，崔玲非常生气。在咨询了法律专家后，崔玲联合崔丽作为原告，共同到法院起诉崔文，要求分割父母的遗产。

经过开庭审理，法院查明崔大爷夫妇没有立下遗嘱，其遗产适用法定继承，崔丽、崔玲、崔文三人作为崔大爷夫妇的第一顺序继承人，每人可继承遗产的三分之一。

考虑到案件是亲属之间的继承权纠纷，法官进行了多次调解，向崔文释明崔丽、崔玲作为女儿依法享有继承权。最终，崔文认识到了自己的错误，崔丽、崔玲也同意让崔文多继承遗产，三人达成调解协议，约定崔大爷夫妇遗留的房屋归崔文所有，崔文则补偿崔丽、崔玲每人15万元。

律师谈一谈

目前，我国仍然存在男女不平等的现象。由于历史的原因，这种不平等在继承权行使方面表现得较为突出。一些观念相对落后的地区信奉"嫁出去的姑娘，泼出去的水"，认为女儿出嫁后就不再是娘家的家庭成员，无权继承娘家的遗产。哪怕是没有结婚的女儿，在有哥哥、弟弟的情况下，也被剥夺了继承权。

继承权是指公民根据法律的直接规定或者被继承人生前立下的合法有效的遗嘱，接受被继承人遗产的权利。女性在继承权上遭受的不平等待遇与我国男女平等的法律原则是不相符的。《中华人民共和国宪法》第四十八条明确规定："中华人民共和国妇女在政治的、经济的、文化的、社会的和家庭的生活等各方面享有同男子平等的权利。"

男女继承权平等是确保男女有独立的人格权，在社会政治、经济和家庭生活中平等地行使法律赋予的权利和履行义务的重要前提。因此，必须消除针对女性的不平等待遇，确保女性的合法继承权。

本案中，崔文认为已经出嫁的两个姐姐是外人，没有权利继承崔家的财产的想法是错误的。第一，继承权是男女平等的；第二，在崔大爷夫妇没有留下遗嘱的情况下，两个姐姐和崔文一样是第一顺序继承人，享有同等遗产份额。

对于继承问题，法院一般采取协商处理，让当事人采取折价、适当补偿或者共有等方法来处理不宜分割的遗产。本案中，两个姐姐出于照顾弟弟的考虑，在调解时做出了让步，主动放弃了部分遗产份额，提高了弟弟的遗产继承比例，维护了姐弟之间的情谊，让事情有了比较圆满的结局。

遗产一般在继承人之间流转，而继承人之间通常具有血缘、亲缘关系。在继承财产固定的情况下，各位继承人分到的继承份额是此消彼长的关系，为了解决继承问题，继承人应当本着互谅互让、和睦团结的精神，多考虑一下亲情，别让财产分割割断浓浓的亲情。

法律这样说

一、如何执行遗产继承？

《中华人民共和国民法典》第一千一百二十三条规定，继承开始后，按照法定继承办理；有遗嘱的，按照遗嘱继承或者遗赠办理；有遗赠扶养协议的，按照协议办理。

《中华人民共和国民法典》第一千一百二十四条规定，继承开始后，继承人放弃继承的，应当在遗产处理前，以书面形式作出放弃继承的表示；没有表示的，视为接受继承。

受遗赠人应当在知道受遗赠后六十日内，作出接受或者放弃受遗赠的表示；到期没有表示的，视为放弃受遗赠。

《中华人民共和国民法典》第一千一百二十六条规定，继承权男女平等。

《中华人民共和国民法典》第一千一百二十七条，遗产按照下列顺序继承：

第一顺序：配偶、子女、父母。

第二顺序：兄弟姐妹、祖父母、外祖父母。

继承开始后，由第一顺序继承人继承，第二顺序继承人不继承。没有第一顺序继承人继承的，由第二顺序继承人继承。

本编所称子女，包括婚生子女、非婚生子女、养子女和有扶养关系的继子女。

本编所称父母，包括生父母、养父母和有扶养关系的继父母。

本编所称兄弟姐妹，包括同父母的兄弟姐妹、同父异母或者同母异父的兄弟姐妹、养兄弟姐妹、有扶养关系的继兄弟姐妹。

第一条、第三条、第四条法律规定与《中华人民共和国继承法》第五条、第九条、第十条规定的内容一致。

第二条法律规定在《中华人民共和国继承法》第二十五条规定的内容基础上，明确提出要以书面形式作出放弃继承的表示，不再承认其他形式（如口头形式）的有效性。

在我国，执行遗产继承时，有遗嘱的按照遗嘱继承，没有遗嘱的按照法定继承。《中华人民共和国民法典》在《中华人民共和国继承法》规定的公证遗嘱、自书遗嘱、代书遗嘱、录音遗嘱和口头遗嘱之外,增设了打印遗嘱和录像遗嘱,并且要求有两个以上在场见证人,不仅可以提高设立遗嘱的效率,还可以避免因被继承人不会写字、无法亲笔书写大量文字或者因书写字迹潦草、语句表述不清而引发争议,真实地反映被继承人的意愿。同时,《中华人民共和国民法典》删除了《中华人民共和国继承法》中"公证遗嘱效力优先"的规定,改为以最后设立的遗嘱为准。

继承权男女平等,体现在以下三个方面:

第一,男女享有平等的继承权、代位继承权和转继承权。在继承遗产时,不会剥夺女性的继承权。例如,在代位继承中,儿子先于父亲死亡,孙子女可代替父亲继承祖父母的遗产;女儿先于父亲去世,外孙子女可以代替母亲继承外祖父母的遗产。

第二,男女在法定继承人的范围和顺序上平等。在继承遗产时,既不会将女性排除在继承人之外,也不会将女性的继承顺序降低,而是根据与被继承人血缘关系的远近和生活关系的密切程度(血缘关系、拟制血亲关系、婚姻关系和抚养关系)确定继承人的范围和顺序。

第三,同一顺序继承人不分男女在继承遗产的份额上一般应当均等。在继承遗产时,不会将女性的遗产份额减少,除了有特殊生活困难、缺乏劳动能力、尽了主要扶养义务、与被继承人共同生活的继承人可以多分,有能力和条件却不尽扶养义务的继承人不分或少分,继承人协商同意不均等之外,都应当均分。

二、分割遗产时应注意什么?

《中华人民共和国民法典》第一千一百三十二条规定,继承人应当本着互谅互让、和睦团结的精神,协商处理继承问题。遗产分割的时间、办法和份额,由继承人协商确定;协商不成的,可以由人民调解委员会调解或者向人民法院提起诉讼。

《中华人民共和国民法典》第一千一百四十一条规定,遗嘱应当为缺乏劳动能力又没有生活来源的继承人保留必要的遗产份额。

《中华人民共和国民法典》第一千一百五十五条规定,遗产分割时,应当保留胎儿的继承份额。胎儿娩出时是死体的,保留的份额按照法定继承办理。

《中华人民共和国民法典》第一千一百五十六条规定,遗产分割应当有利于生产和生活需要,不损害遗产的效用。

不宜分割的遗产,可以采取折价、适当补偿或者共有等方法处理。

在分割遗产时,继承人除了严格遵循《中华人民共和国民法

典》规定的男女平等、养老育幼、照顾弱势、互谅互让、和睦团结的精神之外,还必须遵循以下原则:

1.遗嘱继承优先于法定继承的原则。需要注意的是,虽有遗嘱,但有下列情形之一的,遗产中的有关部分按照法定继承办理:

(1)遗嘱继承人放弃继承或者受遗赠人放弃受遗赠。

(2)遗嘱继承人丧失继承权或者受遗赠人丧失受遗赠权。

(3)遗嘱继承人、受遗赠人先于遗嘱人死亡或者终止。

(4)遗嘱无效部分所涉及的遗产。

(5)遗嘱未处分的遗产。

2.保留胎儿继承份额的原则。在分割遗产时,如果继承人中有未出生的胎儿,应当为胎儿保留遗产份额。如果胎儿出生后死亡,留给胎儿的遗产则由胎儿的继承人(通常是胎儿的母亲)继承;如果胎儿出生时已经死亡,留给胎儿的遗产则回转为被继承人的遗产,由其他继承人继承。

3.保留物之使用价值的原则。在分割遗产时,主要有以下四种分割方式:

(1)实物分割。在不违反分割原则的情况下,可以采取实物分割的方式,划分出每个继承人应继承的可分物数量。

(2)变价分割。对不宜进行实物分割的遗产,可以将其变卖,再由各继承人按照自己应得的遗产份额的比例进行分割,各自取得与应得遗产份额相对应的价金。

（3）补偿分割。对不宜进行实物分割的遗产,若继承人中有人愿意取得该遗产,则由该继承人取得该遗产的所有权,并按照其他继承人应得的遗产份额的比例分别补偿相应的价金。

（4）保留共有分割。对不宜进行实物分割的遗产,若所有继承人都愿意取得遗产,或所有继承人都愿意继续保持遗产共有状况,则可将其作为共同所有的财产,由各继承人按各自应得的遗产份额,确定该项财产所应享有的权利与应分担的义务。比如,农村中的牛、羊等可保持共有。

温馨小贴士

我国法律明确规定女性享有与男性平等的继承权,彻底否定了剥夺女性继承权的封建继承制度,这对保护女性继承权、协调家庭关系、促进社会稳定起到了良好的作用。

男女平等,包括行使法律赋予的权利和履行义务的平等。我国法律不仅规定了继承权男女平等,也规定了赡养老人是每个子女应尽的义务。也就是说,赡养父母同样男女平等。

对于女性来说，不要以为自己嫁出去或者放弃继承权，就可以不赡养父母。在家庭中，女性既要保证自己与男性享有同样的地位和权利，也要履行自己作为子女的义务，尊敬和赡养父母。

《中华人民共和国妇女权益保障法》第六条规定："国家鼓励妇女自尊、自信、自立、自强，运用法律维护自身合法权益。"当合法继承权遭到侵害时，女性不要做"沉默的羔羊"，而要提高自身素质，勇于运用法律武器，努力争取和维护合法权益，及时提出合理要求，既可以由家庭内部进行协调，也可以请妇联、居委会、村委会、单位等组织出面解决，还可以向人民法院提起诉讼，请求依法裁决。

12 丧偶后有无继承权？关键看赡养与否！

赵家老两口有两个儿子赵力和赵辉。赵辉成年后定居外地，与家人联系较少。

2000年，赵力和陈芳登记结婚。2002年，两人生育一子赵明军。此后，赵力一家与赵家老两口居住在同一个单元的两套房中，方便相互照料。

2008年，赵力因意外事故去世。赵家老两口受不了丧子的打击，身体健康每况愈下。陈芳一直任劳任怨地照顾赵家老两口，待他们如亲生父母，赵家老两口也待陈芳如亲生女儿。

2011年，在赵家老两口的撮合下，陈芳与耿原组成了新的家庭。耿原心地善良，一直帮着陈芳照顾赵家老两口。

2016年，赵家老两口先后去世，留下了房子、存款等遗

12 丧偶后有无继承权？
关键看赡养与否！

产。从外地赶来处理后事的赵辉主张陈芳已经改嫁，不再是赵家人，而自己是父母唯一的第一顺序继承人，要求继承父母的全部财产。

无奈之下，陈芳起诉到法院，要求自己、儿子赵明军和小叔子赵辉三人共同继承赵家老两口的遗产。

法院经过审理查明，自2008年赵力去世之后，陈芳一直照顾赵家老两口，尽了主要赡养义务，包括生活照料、经济供养和精神慰藉等，居委会和邻居都能给予证明。根据法律规定，丧偶儿媳对公婆尽了主要赡养义务的，作为第一顺序继承人；赵力去世在父母之前，赵明军作为赵力的儿子代位继承祖父母的遗产。最终，法院判决陈芳、赵明军和赵辉都是赵家老两口的继承人，三人各继承遗产的三分之一。

律师谈一谈

我国法律规定遗产的第一顺序继承人是配偶、子女、父母，第二顺序继承人是兄弟姐妹、祖父母、外祖父母。当没有第一顺序继承人或者第一顺序继承人放弃继承时，第二顺序继承人才有继承资格。

本案中，当时的法院依据《中华人民共和国继承法》第十一条和第十二条规定作出判决。

在有第一顺序继承人赵辉的情况下，陈芳之所以没有被排除在第一顺序继承人之外，是因为除了对基于血亲、婚姻关系、收养关系的继承作出规定之外，法律对姻亲成员之间的继承做了补充，即丧偶儿媳对公婆、丧偶女婿对岳父母尽了主要赡养义务的，作为第一顺序继承人。多年来，陈芳对公婆尽了主要赡养义务，应当作为第一顺序继承人，而且陈芳是否再婚并不影响她对公婆遗产的继承，也不影响其子代位继承。

陈芳和赵力的儿子赵明军之所以成为第一顺序继承人，是因为法律规定被继承人的子女先于被继承人死亡的，由被继承人子女的晚辈直系血亲代位继承被继承人有权继承的遗产份额。也就是说，赵明军是"代替"去世的父亲赵力成为第一顺序继承人，继承祖父母留给父亲的那部分遗产。此外，赵明军代位继承并不影响陈芳因尽了主要赡养义务而获得的继承权。

12 丧偶后有无继承权？
关键看赡养与否！

法律这样说

一、丧偶儿媳（女婿）赡养了公婆（岳父母），能否获得继承资格？

《中华人民共和国民法典》第一千一百二十九条规定，丧偶儿媳对公婆，丧偶女婿对岳父母，尽了主要赡养义务的，作为第一顺序继承人。

《中华人民共和国民法典》第一千一百三十条规定，同一顺序继承人继承遗产的份额，一般应当均等。

对生活有特殊困难又缺乏劳动能力的继承人，分配遗产时，应当予以照顾。

对被继承人尽了主要扶养义务或者与被继承人共同生活的继承人，分配遗产时，可以多分。

有扶养能力和有扶养条件的继承人，不尽扶养义务的，分配遗产时，应当不分或者少分。

继承人协商同意的，也可以不均等。

《中华人民共和国民法典》第一千一百五十七条规定，夫妻一方死亡后另一方再婚的，有权处分所继承的财产，任何组织或者个人不得干涉。

《中华人民共和国妇女权益保障法》第三十五条规定，丧偶妇女对公婆尽了主要赡养义务的，作为公婆的第一顺序法定继承人，其继承权不受子女代位继承的影响。

第一条法律规定与《中华人民共和国继承法》第十二条规定的内容一致。在司法实践中，对被继承人生活提供了主要经济来源或在劳务等方面给予了主要扶助的，应当认定其尽了主要赡养或主要扶养义务。

第二条法律规定与《中华人民共和国继承法》第十三条规定的内容一致。尽了主要扶养义务或者与被继承人共同生活的继承人在分配遗产时可以多分，这是考虑了继承人对被继承人的实际付出，维护了公平的价值取向。

第三条法律规定与《中华人民共和国继承法》第十三条规定的内容基本一致，只是规范了语言表述，将"任何人"改为"任何组织或者个人"，保障了再婚者的合法权益不受侵犯。

丧偶儿媳或女婿主动担负起赡养公婆或岳父母的义务，使年老的公婆或岳父母在生活上得到照料、精神上得到慰藉，发扬了中华民族尊老、爱老、养老的优良传统，发挥了家庭的职能，担负起了养老责任。

在这种情况下，如果没有赡养义务的丧偶儿媳（女婿）对公婆（岳父母）履行了主要赡养义务却没有享受到继承权益，既无法体现权利与义务的统一，也不合乎情理。

因此，我国法律在这种特殊情况下突破了血缘关系与婚姻关系的继承基础，设定了丧偶儿媳（女婿）对公婆（岳父母）尽了主要赡养义务的，应当作为第一顺序继承人，继承公婆或岳父母的遗产，而且不受子女代位继承的影响，充分保障了丧偶人群的合法权益。

二、什么是代位继承？

《中华人民共和国民法典》第一千一百二十八条规定，被继承人的子女先于被继承人死亡的，由被继承人的子女的直系晚辈血亲代位继承。

被继承人的兄弟姐妹先于被继承人死亡的，由被继承人的兄弟姐妹的子女代位继承。

代位继承人一般只能继承被代位继承人有权继承的遗产份额。

该条法律规定在《中华人民共和国继承法》第十一条规定的内容基础上，增加了第二款内容即"侄、甥"代位继承，扩大了代位继承的范围，为逐渐增多的没有第一顺序继承人的特殊情况提供了解决方案,增加了遗产在亲属之间传承的可能性。

代位继承是本位继承(法定继承)的对称,又称"间接继承"。在代位继承中,死亡的继承人是被代位人,代替被代位人行使继承权的是代位人,代位人代替被代位人继承被继承人遗产的权利是代位继承权。

《中华人民共和国继承法》只规定了第一顺序继承人中的子女先于被继承人去世的可以发生代位继承,即代位继承只发生在直系亲属之间。比如,父亲(母亲)先于祖父母(外祖父母)去世的,孙子女(外孙子女)可以代替父亲(母亲)继承祖父母(外祖父母)的遗产。

《中华人民共和国民法典》扩大了代位继承的范围,赋予第二顺序继承人中兄弟姐妹的子女代位继承的权利。也就是说,在被继承人没有第一顺序继承人的情况下,如果第二顺序继承人也都先于被继承人死亡,但第二顺序继承人中兄弟姐妹有子女的,则由兄弟姐妹的子女即被继承人的侄子(侄女)、外甥(外甥女)代位继承叔、伯、姑、舅、姨的财产。

需要注意的是,《中华人民共和国民法典》只是通过代位继承扩大第二顺序继承人的范围,并不会威胁独生子女的遗产继承权。继承讲究顺序,独生子女是第一顺序继承人,只有在没有第一顺序继承人和第二继承人的情况下,侄、甥才有代位继承权。

三、什么是转继承?

《中华人民共和国民法典》第一千一百五十二条规定,继承开始后,继承人于遗产分割前死亡,并没有放弃继承的,该继承人应当继承的遗产转给其继承人,但是遗嘱另有安排的除外。

该条法律规定吸收了《最高人民法院关于贯彻执行〈中华人民共和国继承法〉若干问题的意见》第52条规定的内容,明确规定了转继承的内容,为现实中的转继承问题提供了明确的法律依据。

转继承是指继承人在继承开始后实际接受遗产前死亡,该继承人的合法继承人代其实际接受其有权继承的遗产。转继承人就是实际接受遗产的死亡继承人的继承人。被转继承人有第一顺序法定继承人的,由第一顺序法定继承人转继承;没有第一顺序法定继承人的,由第二顺序法定继承人转继承。

转继承与代位继承的根本区别在于继承人的死亡时间是否早于被继承人。继承人的死亡时间早于被继承人的,存在代位继承的可能;继承人的死亡时间晚于被继承人且早于遗产分配时间的,存在转继承的可能。

温馨小贴士

继承一般只发生在血亲或拟制血亲成员之间以及婚姻关系成员之间。

拟制血亲与自然血亲相对，是基于收养或抚养形成的等同于自然血亲的近亲属，主要分为两类：一是养父母与养子女以及养子女与养父母的其他近亲属；二是在事实上形成了扶养关系的继父母与继子女、继兄弟姐妹。

姻亲是以婚姻关系为媒介而产生的亲属，主要分为三类：一是血亲的配偶，如儿媳、女婿、弟媳；二是配偶的血亲，如公婆，岳父母，内弟；三是配偶血亲的配偶，如连襟、妯娌。

姻亲成员之间可以发生继承，这是我国特有的法律规定。不过，这种姻亲之间的继承是有特殊条件限制的，仅发生在丧偶儿媳（女婿）对公婆（岳父母）尽了主要赡养义务时，丧偶儿媳（女婿）作为第一顺序继承人继承公婆（岳父母）的遗产。

在现实生活中，儿媳、女婿对公婆、岳父母履行主要赡养义务的情况非常普遍，但无论他们主动协助配偶尽了多少赡养义务，在没有丧偶的情况下都没有继承权。这样一看，法律规定似乎不公平。

其实，在没有丧偶的情况下，夫妻一方所继承的遗产（除非特别约定只归夫妻一方继承）属于家庭共有财产，另一方也是共享继承收益的，这些继承使家庭财产得以增值，惠及夫妻双方。

法律之所以将第一顺序继承的权利赋予尽了主要赡养义务的丧偶儿媳、女婿，其用意是对尊老爱老传统美德进行肯定与褒奖，鼓励更多人向个人情操、品德修养高尚的丧偶儿媳、女婿学习，弘扬社会正能量。

13 再婚后财产继承怎么办？
关键看有无抚养关系！

1996年，丧偶女士张云携女李彦与离异男士孙卓组成再婚家庭。当时，孙卓的儿子孙小强刚满19岁，正在读大学。

再婚前，张云名下有一套继承自父母的两居室私房，孙卓有一套三居室单位公房。再婚后，张云、李彦和孙卓在孙卓的单位公房中共同生活。

1999年，孙卓的单位进行公房房改。孙卓在套用自己和张云的工龄和职务补贴并支付53000元后，将单位的福利房变成了产权房，房产登记在孙卓一人名下。

2008年，孙小强准备结婚。孙卓与张云商议后，将张云的婚前房产用作孙小强的婚房。

13 再婚后财产继承怎么办？
关键看有无抚养关系！

2017 年，孙卓因疾病去世。

2018 年 5 月，孙小强以家中人员多住不下为由，想与张云对换住房。张云认为孙小强故意强占家庭财产，拒绝了换房要求。孙小强认为张云贪心，故意占着自己父亲的房产。两人发生矛盾，关系恶化。

2018 年 10 月，孙小强向法院起诉张云，请求对父亲孙卓的遗产做出分割。

法院受理后查明，张云和孙卓结婚时，张云的女儿李彦年仅 8 岁，之后一直跟随两人共同生活，由夫妻两人抚养长大，孙卓和李彦之间已经形成抚养与被抚养的继父与继女关系，李彦对孙卓的遗产亦享有继承权，特要求追加李彦为被告，作为共同继承人一并参与审理。

开庭时，张云主张孙卓名下的房子属于夫妻共同共有，自己名下的房子是婚前私房，不属于夫妻共同财产，孙小强无权分割。孙小强主张父亲名下的房子是于 1992 年分得的单位福利房，而张云与父亲在 1996 年才登记结婚，父亲名下的房子属于婚前财产，不能认定是张云与孙卓的夫妻共同财产。

法院经过审理查明，孙卓在 1992 年分得单位福利房时，仅取得了房产的使用权。1996 年，孙卓与张云登记结婚。1999 年，孙卓参加房改，在套用了自己和张云的工龄和职务补贴并且支付了53000元的购房款后，才将公房变更成了产权房，应该认定该房产属于孙卓和张云的夫妻共同财产，该房产的二分之一份额属于孙卓所有，也就是待继承的遗产。由于孙卓和李彦形成了具有抚养事实的继父与继女关系，李彦、孙小强、张云都属于孙卓的第一顺序继承人，各继承孙卓遗产的三分之一，即每人继承孙卓名下房产的六分之一。而张云名下的房产在婚前取得，归张云个人所有，不属于夫妻共有财产。最终，法院判决孙小强、李彦各继承孙卓名下房产的六分之一份额，张云则享有孙卓名下房产的三分之二份额。

律师谈一谈

遗产继承诉讼案件首先要认定哪些财产属于遗产、哪些人属于继承人以及继承人的继承顺序是什么。

本案中，当时的法院依据《中华人民共和国婚姻法》第十七条、第十八条、第二十七条规定和《中华人民共和国继承法》第十条、第二十六条规定作出判决。

由于孙卓名下房产的产权属于张云和孙卓婚后所得，应该认定是张云与孙卓的夫妻共同财产。夫妻共有财产中没有约定份额的，按共同共有，即认定夫妻各占二分之一。这就是法院先认定孙卓名下房产的二分之一归张云所有，余下二分之一归孙卓所有的法律依据。

再婚时，张云的女儿李彦刚满8岁，属于未成年人，一直跟随张云、孙卓共同生活，与继父孙卓构成抚养与被抚养的关系。因此，李彦与张云、孙小强同为孙卓的第一顺序继承人，继承份额均等，即每人继承孙卓遗产的三分之一。

本案的焦点在于对一方婚前承租、婚后购买并登记于一方名下的房改房，如何认定其所有权归属。

房改房是我国住宅分配制度向住宅商品化、市场化过渡的特定历史条件下的产物。按照当时的规定，一户家庭仅享受一次房改房优惠政策，房改房的面积和价格根据夫妻双方的工龄、职务等有所不同。房改房政策解决的是家庭住房问题，夫妻一方参加房改，将使另一方失去在自己单位参加房改的机会。因此，只要是套用夫妻双方工龄、职务参加房改取得的房产，都应当认定为夫妻共同财产。

此外，孙卓交纳的53000元房改差价也属于夫妻共同财产。因此，孙卓名下的房产虽然在婚前就实际取得使用权，但其所有权是在婚后才取得的，应当认定为夫妻共同共有。

需要注意的是，孙小强结婚后一直住在张云的婚前私房里，只要张云没有将房子赠与孙小强，那么房子就仍是张云的婚前财产，归张云个人所有，不在孙卓的遗产范围之内。

法律这样说

一、再婚家庭如何执行遗产继承？

《中华人民共和国民法典》第一千零七十条规定，父母和子女有相互继承遗产的权利。

《中华人民共和国民法典》第一千零七十二条规定，继父母与继子女间，不得虐待或者歧视。

继父或者继母和受其抚养教育的继子女间的权利义务关系，适用本法关于父母子女关系的规定。

《中华人民共和国民法典》第一千一百五十三条规定，夫妻共同所有的财产，除有约定的外，遗产分割时，应当先将共同所有的财产的一半分出为配偶所有，其余的为被继承人的遗产。

遗产在家庭共有财产之中的，遗产分割时，应当先分出他人的财产。

13　再婚后财产继承怎么办？
关键看有无抚养关系！

前两条法律规定分别与《中华人民共和国婚姻法》第二十四条第二款、第二十七条规定的内容一致。

后一条法律规定与《中华人民共和国继承法》第二十六条规定的内容一致。

继父母与继子女之间存在事实上的抚养关系时，他们之间通过法律拟制的血亲关系形成了亲子关系，视同为基于血缘关系构建的亲子关系，即继父母与继子女之间的关系等同于亲生父母与亲生子女之间的法律关系。因此，发生继承时，形成抚养关系的继子女与亲生子女一样，都是第一顺序继承人。如果没有形成事实上的抚养教育关系，则继子女没有资格和权利继承继父母的遗产。

发生继承时，如果遗产属于家庭共同财产，需要先对家庭共同财产进行析产，将属于被继承人的财产归属到其个人名下后，继承人才可以继承遗产。

需要注意的是，夫妻一方去世后，属于夫妻共同所有的财产，另一方应先获得财产的一半份额，再以第一顺序继承人的身份分割继承另一半财产中的相应份额。

二、继承遗产后需要注意什么？

《中华人民共和国民法典》第一百八十八条规定，向人民法院请求保护民事权利的诉讼时效期间为三年。法律另有规定的，依照其规定。

诉讼时效期间自权利人知道或者应当知道权利受到损害以及义务人之日起计算。法律另有规定的，依照其规定。自权利受到损害之日起超过二十年的，人民法院不予保护，有特殊情况的，人民法院可以根据权利人的申请决定延长。

《中华人民共和国民法典》第一千一百五十九条规定，分割遗产，应当清偿被继承人依法应当缴纳的税款和债务；但是，应当缺乏劳动能力又没有生活来源的继承人保留必要的遗产。

《中华人民共和国民法典》第一千一百六十一条规定，继承人以所得遗产实际价值为限清偿被继承人依法应当缴纳的税款和债务。超过遗产实际价值部分，继承人自愿偿还的不在此限。

继承人放弃继承的，对被继承人依法应当缴纳的税款和债务可以不负清偿责任。

《中华人民共和国民法典》第一千一百六十三条规定，既有法定继承又有遗嘱继承、遗赠的，由法定继承人清偿被继承人依法应当缴纳的税款和债务；超过法定继承遗产实际价值部分，由遗嘱

继承人和受遗赠人按比例以所得遗产清偿。

第一条法律规定与《中华人民共和国民法总则》第一百八十八条规定的内容一致。需要注意的是，《中华人民共和国民法典》同时删除了《中华人民共和国继承法》第八条"继承权纠纷提起诉讼的期限为二年，自继承人知道或者应当知道其权利被侵犯之日起计算。但是，自继承开始之日起超过二十年的，不得再提起诉讼"的规定。

也就是说，《中华人民共和国民法典》施行后，继承遗产时产生继承纠纷的，属于民事纠纷，适用三年诉讼时效的规定，而不是之前规定的二年。

后三条法律规定在《中华人民共和国继承法》第十九条、第三十三条规定和《最高人民法院关于贯彻执行〈中华人民共和国继承法〉若干问题的意见》第61条、第62条规定的内容基础上，对被继承人的债务偿还事宜进行了补充和细化。

继承遗产时，要先清偿被继承人生前所欠税款和债务，但要为缺乏劳动能力又没有生活来源的特殊继承人保留必要的遗产份额。如果被继承人所负债务全部是个人债务（非共同债务），而且继承人放弃继承所有财产，那么继承人对被继承人的生前债务就没有了清偿义务。当然，继承人自愿代为清偿，有利于构建诚信社会，是值得鼓励的行为。

三、什么是继承中的"宽恕制度"？

《中华人民共和国民法典》第一千一百二十五条规定，继承人有下列行为之一的，丧失继承权：

（一）故意杀害被继承人；

（二）为争夺遗产而杀害其他继承人；

（三）遗弃被继承人，或者虐待被继承人情节严重；

（四）伪造、篡改、隐匿或者销毁遗嘱，情节严重；

（五）以欺诈、胁迫手段迫使或者妨碍被继承人设立、变更或者撤回遗嘱，情节严重。

继承人有前款第三项至第五项行为，确有悔改表现，被继承人表示宽恕或者事后在遗嘱中将其列为继承人的，该继承人不丧失继承权。

受遗赠人有本条第一款规定行为的，丧失受遗赠权。

该条法律规定在《中华人民共和国继承法》第七条规定的内容基础上，增加了两种丧失继承权的情形——隐匿遗嘱，情节严重和以欺诈、胁迫手段迫使或者妨碍被继承人设立、变更或者撤回遗嘱，情节严重；新增对继承人的宽恕制度，针对不涉及杀人的三种丧失继承权的情形，只要被继承人对继承人予以宽恕，就不影响继承人的继承权。

设立继承宽恕制度,是为了最大限度地尊重被继承人的意愿传承其财富,符合我国传统的家庭伦理感情。

在现实生活中,即使遭到子女遗弃、虐待,只要子女有所悔悟并改过,有的父母还是愿意将遗产留给自己的子女,而不是通过公证把遗产留给其他人。

遗产本该在亲属之间流转,而且亲属之间的情感纠葛往往"千回百转",考虑到遗产与亲情之间的特殊关系,法律最大可能地尊重被继承人即财产所有人的真实意愿。既然被继承人都能予以宽恕,如果法律还要生硬地剥夺被宽恕者的继承权,也就太过严苛了。

如果继承人属于相对丧失继承权的三种情形——遗弃、虐待被继承人,伪造、篡改、隐匿、销毁被继承人的遗嘱,以欺诈、胁迫手段迫使或者妨碍被继承人设立、变更或者撤回遗嘱,只要该继承人能够认识错误并且有悔改表现,被继承人表示宽恕或在遗嘱中将其列为继承人,愿意由该继承人继承自己的全部或部分遗产,法律并无强行禁止的理由,该继承人仍可以依法继承遗产。

当然,如果继承人有涉及杀人的绝对丧失继承权的行为,法律仍然禁止继承人因被继承人宽恕而获得继承权。

温馨小贴士

有抚养关系的继父母与继子女之间形成法律上的拟制血亲关系，继子女和婚生子女一样继承继父母的遗产，成为被继承人的法定继承人。同样，形成抚养关系的继父母也可以和亲生父母一样要求继子女履行赡养义务，继承继子女的遗产。

认定是否构成抚养关系主要从以下三个方面来判断：

1.继父母对未成年的继子女履行了抚养义务，主要包括：继子女的养育支出由继父母提供；继父母照顾继子女的日常生活，不间断地对继子女进行养育、教育等。

2.继父母对已成年但系限制行为能力人或无行为能力人的继子女继续履行了抚养义务。

3.继子女对继父母履行了赡养义务，主要包括：继子女在经济上供养继父母；在生活上扶助继父母；对继父母经常陪伴，提供精神慰藉等。

需要注意的是，生母或生父再婚时，若子女已经长大成人分居另过，或虽未长大成人但未与继父或继母共同生活而由他人抚养教育成人的，则继子女与继父或继母之间不构成抚养关系；若继

13 再婚后财产继承怎么办？
关键看有无抚养关系！

子女对继父或继母未尽过赡养扶助义务，则不能视为继子女与继父或继母之间形成了赡养关系。

不得不承认，再婚家庭具有特殊性，一旦牵扯到再婚夫妻各自子女的利益和彼此财产的处置，就会引发家庭成员之间的矛盾，进而影响再婚家庭的和睦稳定。

因此，预防再婚家庭财产纠纷尤为重要。预防措施主要有以下三种：一是进行婚前财产公证；二是订立合法有效的遗嘱；三是办理财产赠与（各自孩子或父母）合同公证。

14 离婚后想看子女怎么办？探望权用起来！

2010年，张波与朱敏登记结婚。2012年，朱敏生下儿子张超。

2015年，张波与朱敏因性格不合协议离婚，约定儿子由朱敏抚养，张波每月给付2000元抚养费，并可随时探望儿子。

离婚之初，张波与朱敏友好履行了离婚协议，但自2016年朱敏组建新的家庭后，张波对儿子的探望就受到了限制。

2018年朱敏搬家后，张波再也没能探望儿子。张波经过反复沟通，也没有与朱敏在探望儿子的问题上达成一致。

无奈之下，张波向法院起诉朱敏侵害自己的探望权，请求每周六探望儿子一次，而且寒暑假与儿子单独相处的时间应不少于假期的一半时间。

*14 离婚后想看子女怎么办？
探望权用起来！*

开庭时，朱敏答辩不让张波探望的原因是张波没有按时给付抚养费，而且张波的频繁探望干扰了自己新家庭的正常生活，最主要的是张波的一些不良习惯会对儿子的成长产生不良影响。张波抗辩没有按时给付抚养费是因为朱敏阻止自己探望儿子，而且自己身心健康，不存在对儿子成长造成不良影响的可能性，反而朱敏剥夺儿子享受父爱的行为不利于儿子的身心成长。

法院经过审理，认为张波与朱敏虽已离婚，但父母与子女之间的亲子关系以及由此带来的权利义务关系不因婚姻关系的解除而解除，不直接抚养孩子的一方享有探望孩子的权利。张波因离婚成为不与孩子共同生活的父亲，对其探望儿子的请求应予支持。最终，法院判决张波在每月的第一个和第三个星期六上午9点到朱敏家将张超接走、晚上8点之前将张超送回，朱敏对此负协助义务；每年的寒假，张波可接走张超10天，暑假可接走20天。

律师谈一谈

探望权在广义上指一方探望另一方的权利；在狭义上指父母在婚姻关系解除后，不与未成年子女共同生活的一方探望未成年子女的权利。这是基于父母子女关系而形成的一种身份权，属于亲权的一种。

本案中，当时的法院依据《中华人民共和国婚姻法》第三十八条规定作出判决。在没有证据表明张波的探望会对孩子造成不良影响的情况下，朱敏因为组建新家庭而侵犯张波对孩子的探望权的做法是错误的。张波对孩子的探望权是基于亲子关系而形成的权利，通过探望让孩子享受父爱，对孩子的身心成长是有利的。

不过，张波因为见不到孩子就不给付抚养费的行为也是不当的。给付抚养费与实现探望权是相互独立、互不影响的。张波给付抚养费是履行父亲对未成年子女的法定抚养义务所必须给付的物质养育成本，至于朱敏未履行协助探望义务，张波可以通过其他途径予以解决，不应该因为见不到孩子就拒付抚养费。

父母与子女之间的关系是基于子女出生的事实而形成的自然血亲关系，一旦形成就无法解除，也不会因为父母离婚而消除。不与未成年子女共同生活的一方应该通过与子女交流、短暂共同生活等多种形式行使探望权，另一方也应该积极协助对方探望子女，让子女不会因父母离婚而缺失父爱或母爱，为子女创造相对完整、健康的成长环境。

14 离婚后想看子女怎么办?
探望权用起来!

法律这样说

一、离婚后,如何处理子女抚养问题?

《中华人民共和国民法典》第一千零八十四条规定,父母与子女间的关系,不因父母离婚而消除。离婚后,子女无论由父或者母直接抚养,仍是父母双方的子女。

离婚后,父母对于子女仍有抚养、教育、保护的权利和义务。

离婚后,不满两周岁的子女,以由母亲直接抚养为原则。已满两周岁的子女,父母双方对抚养问题协议不成的,由人民法院根据双方的具体情况,按照最有利于未成年子女的原则判决。子女已满八周岁的,应当尊重其真实意愿。

《中华人民共和国民法典》第一千零八十五条规定,离婚后,子女由一方直接抚养的,另一方应当负担部分或者全部抚养费。负担费用的多少和期限的长短,由双方协议;协议不成的,由人民法院判决。

前款规定的协议或者判决,不妨碍子女在必要时向父母任何一方提出超过协议或者判决原定数额的合理要求。

前一条法律规定在《中华人民共和国婚姻法》第三十六条规

定的内容基础上,修改了第三款规定,将"哺乳期内的子女"修改为"不满两周岁的子女",增强了法律的可操作性,有利于未成年子女成长;将法院对子女抚养权判决的依据修改为"按照最有利于未成年子女的原则";增加"尊重已满八周岁子女的真实意愿"的规定,将儿童优先原则、儿童利益最大化原则贯彻落实到父母离婚后子女抚养权的问题上,对儿童权益保护和身心健康成长具有重大的意义。

在现实生活中,离婚后存在"争抚养"和"推抚养"两种情况,因此,法律明确规定无论子女随哪一方生活、由哪一方抚养,父母双方都仍负有抚养、教育和保护子女的权利和义务。

《中华人民共和国民法典》总则编第十九条规定:"八周岁以上的未成年人为限制民事行为能力人,实施民事法律行为由其法定代理人代理或者经其法定代理人同意、追认;但是,可以独立实施纯获利益的民事法律行为或者与其年龄、智力相适应的民事法律行为。"在离婚子女抚养问题上,已满八周岁的子女已经具备了判断和选择的能力,对和谁一起生活、由谁抚养会有自己的意愿,而对子女的最终选择和真实意愿予以尊重,是贯彻落实最有利于未成年子女原则的体现。

后一条法律规定在《中华人民共和国婚姻法》第三十六条规

定的内容基础上,修改了第二款规定,将"关于子女生活费和教育费的协议或判决"修改为"前款规定的协议或者判决"。由于抚养费包括生活费、教育费、医疗费等其他未成年人成长的必要支出,删除"关于子女生活费和教育费"的具体表述,可避免产生因列举不全而无法主张权利的情况。

在司法实践中,不直接抚养子女的一方如果有固定收入,则抚育费一般按其月总收入的 20%～30% 的比例给付,负担两个以上子女抚育费的比例可适当提高,但一般不得超过月总收入的 50%;如果没有固定收入,则抚育费可依据当年总收入或同行业平均收入参照上述比例确定。有特殊情况的,可适当提高或降低上述比例。此外,抚育费应定期给付,有条件的可一次性给付。

二、离婚后,探望子女需要注意什么?

《中华人民共和国民法典》第一千零八十六条规定,离婚后,不直接抚养子女的父或者母,有探望子女的权利,另一方有协助的义务。

行使探望权利的方式、时间由当事人协议;协议不成的,由人民法院判决。

父或者母探望子女,不利于子女身心健康的,由人民法院依法中止探望;中止的事由消失后,应当恢复探望。

该条法律规定与《中华人民共和国婚姻法》第三十八条规定的内容一致,只是语言表述更为规范。

《中华人民共和国民法典》婚姻家庭编的核心原则是:保护未成年人的合法权益,有利于未成年人的身心健康。法律赋予不与未成年子女共同生活的父母探望子女的权利,目的就是不让破碎的婚姻造就破碎的亲情,让子女在父母离婚后仍能感受到父爱或母爱,让不与子女共同生活的父亲或母亲也能享受到天伦之乐。

如果不直接抚养子女的一方探望子女给子女带来了不良影响,比如灌输不健康的生活理念、做出不良嗜好行为示范(酗酒、赌博)等,抚养孩子的一方可以向法院提出中止探望申请,法院会根据实际情况依法中止对方的探望权。

探望权的执行障碍往往伴有抚养费给付纠纷。离婚后,由于有些父母会将因离婚所产生的种种矛盾导致的负面影响不自觉地转移到子女身上,而且往往将子女视作私产,直接抚养子女的一方会设置各种障碍不允许对方探望子女,而不直接抚养子女的一方则会以拒付抚养费或申请法院强制执行探望等方式予以对抗。

探望权是一种法定亲权,其行使不能附加条件。给付抚养费是父母抚育子女的基本义务,不与子女共同生活的一方有义务向

14 离婚后想看子女怎么办?
探望权用起来!

另一方给付抚养费,直到子女成年或能够独立生活为止。

探望权的行使与抚养费的给付是相互独立的,不能互为条件,也没有先后顺序。也就是说,无论对方是否给付抚养费,另一方都不得妨碍其探望子女;同样,无论对方是否妨碍探望,另一方都应当按时给付抚养费。

探望权能否顺利履行与抚养费是否及时给付是关乎离婚家庭子女健康成长的重要内容。从父母的角度来看,血缘关系使父母对子女具有抚养、教育的义务,并不会因为是否生活在一起而消除,可以说,探望子女既是离婚父母履行抚养、教育子女义务的唯一方式,也是法律的强制性规定。从子女的角度来看,其具有被探望的权利,探望权的设置应当包含父母对子女关心之意,促进子女身心健康成长。

温馨小贴士

从某种意义上来说,离婚是对以往感情恩怨的彻底告别。无论以前的伴侣做出过什么伤害自己的行为,都不能把子女当成"绑架""报复"对方的筹码。

在现实生活中,受探望权行使或抚养费给付困扰的父母应该多从子女的角度出发，不要让解体的婚姻再去割断子女本应享受的亲情，毕竟子女身心健康是天下父母永远不变的追求。

对于女性来说，如果子女由自己抚养，则应注意不要感情用事，也不要因为组建了新家庭就侵犯子女生父的探望权，强行割断子女与父亲的情感联系。如果子女由生父抚养，则要尽可能多地探望、陪伴子女，不要错过子女成长中的重要时刻；当自己的探望权无端遭遇前夫侵害时，为了子女的健康成长，要先与对方协商，无法协商的可寻求调解或诉诸法律。

无论处于什么生活状态，女性都应该用母爱呵护已经没有完整家庭的子女的脆弱心灵，既不要侵犯子女生父的探望权，也不要在自己的探望权受到侵害时手足无措或冲动行事。

15 性教育难以开口？让孩子远离恶魔！

罗林在乡村小学任教20多年，先后在两所小学担任教师和校长。自2003年4月开始，罗林经常以单独辅导功课、考试测验等名义，将女生骗到自己的办公室、宿舍里猥亵或奸淫。

为了掩盖罪行，罗林事后会欺骗、恐吓受害女生："这是老师爱你的特别方式，老师通过这种方式可以帮助你快速成长、获取超能量，说出去就不灵验了，而且会遭遇可怕的厄运……"由于这些6~12岁的受害女生思想单纯，而罗林作为村里的文化人具有较高的威信，其犯罪行为没有被及时揭发。

逍遥法外的罗林沉浸在这种病态的犯罪行为中不能自拔，坑害了一届又一届女生。直到2016年9月，两名已经成年的女生向公安机关报案，举报她们在2004—2006年期间遭受了小学老师罗林的性侵害。

经过警方大量艰苦的查证，罗林的罪行被逐步揭开。根据罗林本人的交代和受害女生的检举，警方发现罗林在2003—2011年长达8年的时间里持续作案，受到罗林性侵害的女生多达数十人。

然而，由于一些受害女生不愿提及往事，更不愿站出来作证，警方查实到有充分证据证明受到罗林性侵害的女生只有15人，她们中有的从小学入学到小学毕业一直遭受着罗林的长期性侵害，其中甚至包括罗林9岁的远房侄女。

2018年8月，罗林被平凉市中级人民法院以强奸罪判处死刑，以猥亵儿童罪判处有期徒刑3年，合并执行判处死刑立即执行。

律师谈一谈

在未成年人遭受性侵害的案件中，熟人作案所占的比例很高，犯罪嫌疑人包括邻居、同乡、亲戚、老师等。

本案中，法院依据《中华人民共和国刑法》第二百三十六条、第二百三十七条规定作出判决。罗林对受害女生实施的犯罪行为包括强奸和猥亵，法院根据犯罪事实适用数罪并罚，将各罪名分别量刑后，合并执行了死刑立即执行。

罗林能够长期作案并逍遥法外，一是有的受害女生不具备性防卫意识，不知道自己遭受了性侵害，甚至将这种性侵害错误地当成老师、亲朋等熟人间特有的爱抚和关照，因此不会告诉家长或向他人求助；二是罗林利用老师的权威身份对受害女生进行洗脑、威胁、恐吓，不让她们告诉别人自己遭受的经历，有的受害女生陷于恐惧之中，却不知如何去摆脱这种恐惧；三是受害女生的监护人没有及时对其进行性教育和安全教育，而且疏于保护与关注。

　　在司法实践中，我国对严重性侵害未成年人的犯罪行为处以重罚，比如甘肃武山县两年诱奸30余名未成年学生的山村教师李吉顺、河南尉氏县与人共谋奸淫25名女学生的企业家赵志勇都被判处了死刑，体现了我国对未成年人的保护力度，能够对犯罪分子起到强烈的震慑警示作用，也为今后执法司法机关有力打击性侵害未成年人的犯罪行为起到积极示范作用。

法律这样说

一、我国法律对强奸的定义和处罚是什么？

《中华人民共和国刑法》第二百三十六条规定，以暴力、胁迫或者其他手段强奸妇女的,处三年以上十年以下有期徒刑。

奸淫不满十四周岁的幼女的,以强奸论,从重处罚。

强奸妇女、奸淫幼女,有下列情形之一的,处十年以上有期徒刑、无期徒刑或者死刑:

(一)强奸妇女、奸淫幼女情节恶劣的;

(二)强奸妇女、奸淫幼女多人的;

(三)在公共场所当众强奸妇女的;

(四)二人以上轮奸的;

(五)致使被害人重伤、死亡或者造成其他严重后果的。

《关于依法惩治性侵害未成年人犯罪的意见》第21条规定,对幼女负有特殊职责的人员与幼女发生性关系的,以强奸罪论处。对已满十四周岁的未成年女性负有特殊职责的人员,利用其优势地位或者被害人孤立无援的境地,迫使未成年被害人就范,而与其发生性关系的,以强奸罪定罪处罚。

《关于依法惩治性侵害未成年人犯罪的意见》第28条规定,对于强奸未成年人的成年犯罪分子判处刑罚时,一般不适用缓刑。

对于性侵害未成年人的犯罪分子确定是否适用缓刑,人民法院、人民检察院可以委托犯罪分子居住地的社区矫正机构,就对其宣告缓刑对所居住社区是否有重大不良影响进行调查。受委托的社区矫正机构应当及时组织调查，在规定的期限内将调查评估意见提交委托机关。

对于判处刑罚同时宣告缓刑的，可以根据犯罪情况，同时宣告禁止令，禁止犯罪分子在缓刑考验期内从事与未成年人有关的工作、活动，禁止其进入中小学校区、幼儿园园区及其他未成年人集中的场所，确因本人就学、居住等原因，经执行机关批准的除外。

强奸是指违背女性意志，使用暴力、胁迫或者其他手段，强行与女性发生性行为或者奸淫幼女的行为。

暴力手段是指犯罪分子直接对被害女性进行殴打、捆绑、卡脖子、按倒等危害人身安全或者人身自由使被害女性不能抗拒的手段。

胁迫手段是指犯罪分子对被害女性进行威胁、恫吓等达到精神控制迫使被害女性忍辱屈从、不敢抗拒的手段。比如：扬言行凶报复、揭发隐私、加害亲属等，利用迷信思想进行恐吓、欺骗等，利用教养关系、从属关系、职权以及孤立无援的环境条件进行挟制、迫害等。

其他手段是指犯罪分子用暴力、胁迫以外的方式迫使被害女性无法抗拒的手段。比如：使用药物或者酒精等使被害女性麻醉后奸淫；利用被害女性熟睡或者患重病之机奸淫；冒充被害女性的丈夫、男友或者情人与被害女性发生性关系；利用假冒治病或者检查性器官等方法骗奸被害女性；以迷信邪说引诱、欺骗被害女性进行奸淫等。

根据最高人民法院2003年发布的有关司法解释，对于明知患有精神病而无性防卫能力的妇女或者是未满14周岁的幼女而与其发生性行为的，无论行为人是否采用了暴力、胁迫等手段，也无论对方是否表示同意，均应以强奸定罪处罚。

如果强奸对象是14周岁以下的幼女，一般适用强奸罪中的上限刑期10年从重处罚，如果有其他严重情节的可以判处死刑。

认定强奸罪不能以被害女性有无反抗表示作为必要条件。对被害女性未作反抗表示或者反抗表示不明显的，要具体分析情况。

由于强奸罪的社会不良影响重大，我国法律对其量刑是非常严格的，情节严重者能被判处死刑，以提高对犯罪分子的惩罚力度，有力地斩断罪恶的魔爪。

二、我国法律对猥亵的定义和处罚是什么？

《中华人民共和国刑法》第二百三十七条规定，以暴力、胁迫或者其他方法强制猥亵他人或者侮辱妇女的，处五年以下有期徒刑或者拘役。

聚众或者在公共场所当众犯前款罪的，或者有其他恶劣情节的，处五年以上有期徒刑。

猥亵儿童的，依照前两款的规定从重处罚。

《关于依法惩治性侵害未成年人犯罪的意见》第22条规定，实施猥亵儿童犯罪，造成儿童轻伤以上后果，同时符合刑法第二百三十四条或者第二百三十二条的规定，构成故意伤害罪、故意杀人罪的，依照处罚较重的规定定罪处罚。

对已满十四周岁的未成年男性实施猥亵，造成被害人轻伤以上后果，符合刑法第二百三十四条或者第二百三十二条规定的，以故意伤害罪或者故意杀人罪定罪处罚。

《关于依法惩治性侵害未成年人犯罪的意见》第23条规定，在校园、游泳馆、儿童游乐场等公共场所对未成年人实施强奸、猥亵犯罪，只要有其他多人在场，不论在场人员是否实际看到，均可以依照刑法第二百三十六条第三款、第二百三十七条的规定，认定为在公共场所"当众"强奸妇女、强制猥亵、侮辱妇女，猥亵儿童。

《关于依法惩治性侵害未成年人犯罪的意见》第25条规定，针对未成年人实施强奸、猥亵犯罪的，应当从重处罚，具有下列情形之一的，更要依法从严惩处：

（1）对未成年人负有特殊职责的人员、与未成年人有共同家庭生活关系的人员、国家工作人员或者冒充国家工作人员，实施强奸、猥亵犯罪的；

（2）进入未成年人住所、学生集体宿舍实施强奸、猥亵犯罪的；

（3）采取暴力、胁迫、麻醉等强制手段实施奸淫幼女、猥亵儿童犯罪的；

（4）对不满十二周岁的儿童、农村留守儿童、严重残疾或者精神智力发育迟滞的未成年人，实施强奸、猥亵犯罪的；

（5）猥亵多名未成年人，或者多次实施强奸、猥亵犯罪的；

（6）造成未成年被害人轻伤、怀孕、感染性病等后果的；

（7）有强奸、猥亵犯罪前科劣迹的。

《中华人民共和国治安管理处罚法》第四十四条规定，猥亵他人的，或者在公共场所故意裸露身体，情节恶劣的，处五日以上十日以下拘留；猥亵智力残疾人、精神病人、不满十四周岁的人或者有其他严重情节的，处十日以上十五日以下拘留。

猥亵是指以刺激或满足性欲为目的，采取性交以外的方法实施的淫秽行为。

在我国法律中,猥亵有两个具体罪名:一是强制猥亵罪,二是猥亵儿童罪。基于受害人的不同,法律对犯罪构成中是否出现强制行为做出了不同的要求。

猥亵行为的受害人是成年人时,认定猥亵行为是否构成犯罪的前提是看行为人有没有采用强制或暴力手段。也就是说,强制行为是构成强制猥亵罪的必要条件。

猥亵行为的受害人是儿童(即不满14周岁的未成年人)时,由于儿童不具备或不完全具备性防卫意识,不论致害人有没有使用暴力,也不论儿童是否同意或配合、是否进行了反抗,只要对儿童实施了猥亵行为,就构成猥亵儿童罪。也就是说,有没有强制行为不是构成猥亵儿童罪的必要条件。

当然,不是所有猥亵行为都会被认定为犯罪。如果情节显著轻微、行为人的行为动机不是特别恶劣、危害不大,就不构成犯罪行为,而属于一般违法行为。对于这种轻微的猥亵行为,应当适用治安拘留处罚。

针对不同的行为后果进行相应的治安处罚和刑事处罚,体现了我国行政处罚"过罚相当"的原则和法律体系"重罪重罚,轻罪轻罚,罪刑相称,罚法其罪"的原则。

需要注意的是,在现实生活中,有的家长以为男孩在安全方面非常省心，放养也不会吃亏，其实，男孩也会遭受性侵害，家长同样要向男孩传授性教育和安全教育知识，增强他们的性危害防范意识——既懂得保护自己，也知道尊重女性，守护他们健康成长。

三、受性侵害未成年人如何维护自己的权益？

《关于依法惩治性侵害未成年人犯罪的意见》第31条规定，对于未成年人因被性侵害而造成的人身损害，为进行康复治疗所支付的医疗费、护理费、交通费、误工费等合理费用，未成年被害人及其法定代理人、近亲属提出赔偿请求的，人民法院依法予以支持。

《关于依法惩治性侵害未成年人犯罪的意见》第32条规定，未成年人在幼儿园、学校或者其他教育机构学习、生活期间被性侵害而造成人身损害，被害人及其法定代理人、近亲属据此向人民法院起诉要求上述单位承担赔偿责任的，人民法院依法予以支持。

《关于依法惩治性侵害未成年人犯罪的意见》第33条规定，未成年人受到监护人性侵害，其他具有监护资格的人员、民政部门等有关单位和组织向人民法院提出申请，要求撤销监护人资格，另行指定监护人的，人民法院依法予以支持。

《关于依法惩治性侵害未成年人犯罪的意见》第 34 条规定，对未成年被害人因性侵害犯罪而造成人身损害，不能及时获得有效赔偿，生活困难的，各级人民法院、人民检察院、公安机关可会同有关部门，优先考虑予以司法救助。

未成年人受到性侵害后造成人身损害的，可以向致害人、案发单位提出民事赔偿请求。损害赔偿范围包括财产损害赔偿和精神损害赔偿。

其实，未成年人在性侵害中受到的最大伤害往往是精神和心理上的伤害。不论致害人的行为是属于治安违法行为，还是构成犯罪行为，受害人均有权请求致害人承担精神损害赔偿责任。

不过，虽然当前我国在对普通刑事案件的受害人进行精神损害赔偿上存在客观条件不足和制度障碍问题，但司法实践不断探索如何加强对未成年被害人的保护力度。

在司法实践中，康复治疗费用包括进行身体医治和精神诊治所支出的费用。受害人到医院进行精神康复治疗所支付的医疗费不同于精神抚慰金，对于该部分医疗费用，只要受害人提出赔偿请求并提供就诊病历、收费票据等相应证据，人民法院就依法予以支持。

四、受性侵害未成年人的诉讼时效从什么时候起算？

《中华人民共和国民法典》第一百九十一条规定，未成年人遭受性侵害的损害赔偿请求权的诉讼时效期间，自受害人年满十八周岁之日起计算。

未成年人作为无民事行为能力人或者限制民事行为能力人，不具备性防御、性保护能力，或者无法明确判断自己是否被性侵害，或者难以判断自己遭受的侵害程度，或者虽然认识到了侵害的性质但出于畏惧、害羞等因素未能及时揭发，而且其监护人可能对此毫不知情，等到未成年人成年后准备维权时，可能已经超过了《中华人民共和国民事诉讼法》规定的三年诉讼时效。

因此，《中华人民共和国民法典》充分尊重未成年人的身心发育特点，对未成年人因受到性侵害请求致害人民事赔偿的诉讼时效起算时间作出了特别规定，即从成年（年满18周岁）时开始计算诉讼时效，加强对未成年人的保护力度，降低未成年人被侵害的可能性，体现了全面保障未成年人利益的立法目的。

需要指出的是，我国没有特别规定未成年人遭受性侵害的损害赔偿请求权诉讼时效期间，因此，仍然适用三年诉讼时效。

也就是说，无论未成年人在几岁遭受性侵害，在年满18周岁时可以进行追诉，诉讼时效期间从年满18周岁之日起往后计算3

年。符合诉讼时效中止、中断情形的，发生中止、中断的效力。

此外，受性侵害未成年人在成年前，可以由其法定代理人代为提起诉讼，行使损害赔偿请求权。但是，如果受性侵害未成年人成年后，对法定代理人的处理不满意，还可以再次主张其损害赔偿请求权。

温馨小贴士

未成年人是需要得到特殊保护的社会群体，他们年龄小、防范意识弱、自我保护能力差、身边存在较多的安全隐患，而且家长没办法时刻陪在他们身边，因此，提高未成年人的自我保护意识和能力十分必要。

虽然法律为未成年人提供了特殊保护，但家庭教育的未雨绸缪要远胜于法律制裁的亡羊补牢。因为一旦遭受性侵害，就会成为未成年人一生的梦魇。

保护未成年人在复杂的社会环境中平安健康成长是家长的必修课。虽然对很多家长来说，性教育是难以开口的，但为了让孩子远离恶魔，家长一定要教会孩子以下六点：

1.拒绝陌生人给予的食物、玩具等，不告诉陌生人真实的个人和家庭信息，对主动接近或讨好自己的陌生人保留戒心。

2. 不要与除了父母之外的任何人到陌生的地方或者封闭的空间，不在不熟悉、不安全的地方留宿，独自在家时不给非家庭成员以外的人开门。

3. 不要让任何人看和摸自己背心、短裤覆盖的部位，不随便让任何人亲吻自己的任何部位。如果遇到看、摸、亲等情况，一定要大声喊叫，快速逃离。

4. 学会拨打求助电话，拨打110找警察，拨打120找医生，记住父母的姓名、电话、工作单位和家庭住址。

5. 万一遇到危险，不要与坏人对抗，而要抓住机会逃跑。不要担心被坏人抢去财物后回家挨打受骂，生命安全比任何财物都重要，再贵重的财物在安全面前都应该舍弃。

6. 无论发生什么事情，只要向父母讲明实情，父母都不会怪罪，而且会尽力提供帮助。

为了保护未成年人不遭受性侵害，家庭、学校和社会都应该及时对未成年人进行性教育和安全教育，引导未成年人树立正确的性观念，提高性防卫意识。只有孩子从小具有性保护意识，才能尽量避免不幸事件的发生。

16 遭遇职场性骚扰？要敢于说"不"！

年轻漂亮的秦玉在一家大型贸易公司工作，工资待遇、事业前景都非常好，但让秦玉无法忍受的是，部门主管张刚不仅经常在办公室里讲黄段子，还总是在她单独汇报工作的时候动手动脚。秦玉不舍得辞掉这份好工作，只好能躲就躲，尽量减少与张刚单独碰面的机会。

秦玉的躲避没能让张刚反省自己言行失当，反而变本加厉，经常给秦玉发送暧昧短信、黄色视频。一次在外出差时，张刚以醉酒为由，强留秦玉住在他的房间里，秦玉好不容易脱身，但深受惊吓。

之后，秦玉将张刚的性骚扰行为向公司总经理投诉，总经理马上找张刚谈话，提醒他注意与同事相处的分寸。此后，张刚不再在办公室里讲黄段子,但对秦玉的骚扰更严重了,经常在茶水间、卫生间、更衣室等人少的地方对秦玉强行抚摸、搂抱。

面对张刚的变态行为,秦玉忍无可忍,决定对张刚性骚扰的行为留证,狠狠教训这只"色狼"。她先把小型摄像头放到茶水间的角落里,拍下了张刚趁她不备摸她臀部的视频,再把张刚发给她的骚扰短信、黄色视频拿到公证处,对发信人和收信人信息做了证据公证保全。

拿到这些证据后,秦玉将张刚告上法庭,要求张刚停止侵害、赔礼道歉,并赔偿精神损失费1万元。面对秦玉提交的证据,张刚无法抵赖,法院由此认定张刚的行为构成性骚扰,根据《中华人民共和国侵权责任法》第十五条的规定,判决他向秦玉赔礼道歉,并赔偿秦玉精神损失费3000元。

律师谈一谈

在现实生活中,性骚扰的方式有很多,并不限于常说的"咸猪手"之类的肢体行为,只要是用带有性暗示、性挑逗、性表达等易使人产生性联想的言行、文字、图像导致被骚扰者产生不舒服、羞愧、尴尬、反感等抵触心理反应的,就属于性骚扰。

16 遭遇职场性骚扰?
要敢于说"不"!

当前,工作场所的性骚扰成为一个值得重视的问题。对于职业女性来说,可能会遇到好色的上司与客户借工作之便有意无意地进行性骚扰,而一些女性因为要面子、怕报复、取证难等,往往在遭受性骚扰后选择沉默与隐忍,被迫长期处于压抑的工作环境中,严重影响了身心健康。

我们可以理解这些女性为了工作、名声、人际关系等各种因素选择忍耐,但我们不提倡这种遭遇性骚扰后息事宁人、默不作声的处理方式,因为忍让只会让骚扰者得寸进尺、更加猖狂,只有勇敢说"不"、智慧维权,才能让骚扰者变成过街老鼠,无处容身。

2016年12月,网上曝光了民生银行北京分行某中心副总经理关某性骚扰女下属的事件。对于受害女下属离职后在网上公开关某性骚扰微信内容的行为,大部分网民都表示了支持,认为面对性骚扰绝对不能忍气吞声。最终,民生银行不得不对关某做出了开除处理,而这个事件也掀起了全社会对性骚扰的关注。

因此,女性要对性骚扰有正确的认识,被骚扰并不是自己的错,不要认为说出来会丢面子、降低自己的社会评价。实际上,身处压抑的、不被尊重的、充满屈辱的工作环境时,沉默与隐忍并不能使一切风平浪静,不仅不会带来更好的职业发展机会,反而会带来更多的伤害。

本案中,秦玉从隐忍到敢于说"不",其维权意识的觉醒是值得肯定的。秦玉主动收集证据,并用公证的方式把证据固定下来,是她能赢得诉讼的关键,也为广大女性如何应对性骚扰提供了有效经验。

随着社会的发展,我国法律不断完善对性骚扰的规制。以前遭遇性骚扰到法院维权,法院的立案案由往往适用人格权、一般侵权责任纠纷,自2019年1月1日开始,法院在侵权责任纠纷下单独设立了性骚扰责任纠纷这一专门案由,体现了我国法律对打击性骚扰力度的不断增强。

法律这样说

一、我国法律如何认定性骚扰?

《中华人民共和国民法典》第一千零一十条第一款规定,违背他人意愿,以言语、文字、图像、肢体行为等方式对他人实施性骚扰的,受害人有权依法请求行为人承担民事责任。

在《中华人民共和国民法典》颁布之前,我国对性骚扰的规制主要散见于特别法中,对于达不到猥亵或侮辱程度的性骚扰,也就是在不涉及刑事法律的情况下,是没有民事法律救济途径的。

《中华人民共和国民法典》首次确立了性骚扰的认定标准,将对性骚扰的规制法典化,填补了我国对性骚扰立法的空白,以便准确地追究性骚扰行为人的责任,保护受害人的权益,让受害人有法可依,敢于为自己发声,体现对人权的全面保障。

《中华人民共和国民法典》将性骚扰的表现形式由言语、肢体行为扩大到文字、图像等方式,并且采用"列明+兜底"的方式,用"等"字涵盖了其他可能存在的性骚扰方式;明确构成性骚扰的判断依据是"违背他人意愿",行为内容与性相关;将性骚扰的对象界定为"他人",不区分性别和年龄。

遭受性骚扰后,受害人可能出现焦虑、抑郁、气愤等各种不良情绪,严重影响受害人的身心健康。如果受害人已经明确表达了抵触和反感,致害人仍然实施骚扰行为,受害人可以根据性骚扰行为造成的后果和损害要求致害人承担停止侵害、消除影响、恢复名誉、赔礼道歉、赔偿损失等民事责任。

在司法实践中,可以界定为性骚扰的行为是指在生活、工作等各种交往过程中,骚扰者以带有性暗示的语言、文字、图像、电子信息、肢体行为等方式,给被骚扰者带来被侵犯、被侮辱等不良感觉的骚扰行为。

我国司法界普遍认为构成性骚扰需要满足三个条件：

1.骚扰者在主观上带有性意识，并且明确知道违背了被骚扰者的个人意愿。

2.骚扰者在客观上实施了带有性暗示的骚扰行为，通常表现为针对被骚扰者个人的、具有主动性和持续性的言语、行为、文图信息等骚扰方式。

3.被骚扰者具有强烈的抵触心理，对骚扰者的行为感到不舒服、反感、厌恶等。

无论从《中华人民共和国民法典》的规定来看，还是从以往的司法实践经验来看，除了骚扰者具备主观意识和客观行为之外，违背被骚扰者的个人意愿是认定构成性骚扰的一个重要标准。因此，面对性骚扰时，千万不可态度模糊地回应对方，否则无法判定是否违背了个人意愿，难以认定构成了性骚扰。

二、我国法律对性骚扰有哪些预防和惩罚措施？

《中华人民共和国民法典》第一千零一十条第二款规定，机关、企业、学校等单位应当采取合理的预防、受理投诉、调查处置等措施，防止和制止利用职权、从属关系等实施性骚扰。

《中华人民共和国宪法》第三十八条规定，中华人民共和国公民的人格尊严不受侵犯。禁止用任何方法对公民进行侮辱、诽谤和诬告陷害。

《中华人民共和国妇女权益保障法》第四十条规定，禁止对妇女实施性骚扰。受害妇女有权向单位和有关机关投诉。

《女职工劳动保护特别规定》第十一条规定，在劳动场所，用人单位应当预防和制止对女职工的性骚扰。

《中华人民共和国治安管理处罚法》第四十二条规定，有下列行为之一的，处五日以下拘留或者五百元以下罚款；情节较重的，处五日以上十日以下拘留，可以并处五百元以下罚款：

（一）写恐吓信或者以其他方法威胁他人人身安全的；

（二）公然侮辱他人或者捏造事实诽谤他人的；

（三）捏造事实诬告陷害他人，企图使他人受到刑事追究或者受到治安管理处罚的；

（四）对证人及其近亲属进行威胁、侮辱、殴打或者打击报复的；

（五）多次发送淫秽、侮辱、恐吓或者其他信息，干扰他人正常生活的；

（六）偷窥、偷拍、窃听、散布他人隐私的。

为了有效构筑反性骚扰制度的防线，打击来自熟人的性骚扰，

《中华人民共和国民法典》规定了机关、企业、学校等单位合理预防、受理投诉、调查处置性骚扰的责任义务，解除受害人对职权、从属关系的顾虑，由"亡羊补牢"前移成"未雨绸缪"。

其实，对于发生在单位内部利用职权、从属关系进行的性骚扰，单位更容易获知性骚扰行为的真实情况，也更便于突破职权和从属关系的限制，用制度、规则、机制来有效地预防和规制性骚扰行为的发生。

比如，落实提前告知，在单位的规章制度中明确规定禁止性骚扰；加大监管力度，在适当的位置安装摄像头等起到监管和保留证据作用的设备；畅通性骚扰投诉渠道，及时受理投诉，并迅速调查取证；查证属实后，及时采取相应的处罚措施，注意保护受害人的隐私权、名誉权，避免造成二次伤害。

当前，我国司法界认为根据《中华人民共和国侵权责任法》的基本原则，性骚扰的赔偿责任应由行为人来承担，但是如果负有性骚扰防治义务的单位存在不作为或包庇致害人过错的行为，对性骚扰的发生和加剧产生了一定的作用，受害人也可以要求其承担相应的法律责任。

需要注意的是，由于性骚扰给受害人造成的主要伤害是精神损害，其轻重程度往往与受害人的主观感觉密切相关，损害后果无法统一量化，法律便没有明确规定性骚扰的赔偿数额。

　　我国司法机关在处理性骚扰案件时，对受害人适用的是补偿性赔偿，而非惩罚性赔偿，赔偿的数额比较有限，大部分无法完全赔偿受害人主张的损失。不过，遭受性骚扰的受害人敢于向骚扰者主张赔偿，并获得法律的支持，这类案件的社会进步意义会远远超过其经济价值。

　　虽然由性骚扰引发的民事诉讼案件、劳动争议案件均不属于司法解释所规定的举证责任倒置的范围，仍需由原告进行举证，但考虑到性骚扰案件的特殊性，法院在证据合法性、举证责任分配、证明标准方面都会考虑适度放宽要求。因此，对于未经对方同意的录音录像等视听资料、邮件短信等电子信息证据，只要没有严重侵害对方和其他人的合法权益、没有违反法定程序，就可以作为证据使用。

温馨小贴士

　　性骚扰防治是一个世界性难题，全世界的立法、人权机关和民间权益保护组织等都致力于研究性骚扰问题——由于性骚扰行为一般发生在独立、封闭的环境下，很多时候仅有骚扰者与被骚扰者在场，两人对真实的行为可能做出完全相反的表述与解读，取证和判决都有相当大的难度。

对于女性来说，面对性骚扰，应该做到：

1. 对用短信、微信等电子文字、图片信息进行性骚扰的，应当严厉、沉着地表明自己的立场和底线，明确表示自己不喜欢、不接受、不容忍，差一点的做法是置之不理，不提倡的做法是态度模糊、过于委婉地回复对方。

2. 对"咸猪手"型肢体行为性骚扰，应当疏远与对方的关系，避免与对方单独相处。迫不得已共处一室时，要保持房门大开，一旦对方动手动脚，要直接怒斥、踢打、大声呼救，脱身后要迅速离开。

3. 提高自我防范意识和能力，在危险情况下不可采取激进的方式刺激强悍的骚扰者，避免对方做出过激行为。

4. 及时向领导反映情况，与值得信赖的人倾诉，寻求帮助与庇护。

5. 注意收集骚扰者做出性骚扰行为的证据，掌握证据之后及时进行公证并维权。

6. 如果不幸让性骚扰得逞，应及时报警、诉讼维权，既不能隐忍纵容，也不能冲动报复。

17 失业权益有哪些？不要漏了补偿金！

齐菲于2013年8月应聘到双龙招标公司，入职后签订了月工资为4000元、工作期限为5年的劳动合同。

2016年，双龙公司由于经营不良，业务逐渐萎缩，公司管理层决定裁员节流。

2017年8月，公司与包括齐菲在内的12名员工解除了劳动合同，并办理了失业登记。

齐菲在领取了两个月的失业保险金后，从普法节目中得知公司因经营困难与劳动者解除劳动合同的，应当向员工支付经济补偿金。

齐菲要求公司支付经济补偿金，但公司答复劳动者享受的失业保险金就是经济补偿金，除此之外再没有其他补偿。

对于公司的答复，齐菲难以接受，遂向当地劳动争议仲裁委员会提出仲裁申请，请求裁决双龙公司支付16000元的经济补偿金。

劳动争议仲裁庭经过审查，认为该公司因经营困难，需要进行经济性裁员，符合《中华人民共和国劳动合同法》规定的用人单位应当支付经济补偿金的情形，按照劳动者在用人单位的工作年限，每工作满一年支付一个月工资的标准，向劳动者支付经济补偿金，裁决该公司向齐菲支付经济补偿金16000元。

律师谈一谈

失业保险金与经济补偿金是性质不同的两种经济补助。

失业保险金是指失业保险经办机构依法支付给符合条件的失业人员的基本生活费用，是对失业人员在失业期间失去工资收入的一种临时补偿。失业保险金目的是保障失业人员的基本生活需要。失业保险金依法从失业保险基金中列支，每月发放的数额是固定的，不同的地市适用不同的标准，领取期限最长为24个月，体现了对失业劳动者的救助保障。参加失业保险既是公民的权利，也是必须履行的义务。

17 失业权益有哪些？不要漏了补偿金！

经济补偿金是在劳动合同解除或终止后，用人单位依法一次性支付给劳动者的经济补助，也就是俗称的"遣散费"或者"解除劳动合同补偿金"。设置经济补偿金的目的，一是加大企业的裁员成本，鼓励企业长期用工；二是不至于让劳动者因中断就业而陷入生活困顿。

失业保险金与经济补偿金是基于不同的法律规定产生的，符合相关条件的失业劳动者可以同时享有。

根据《关于贯彻执行〈中华人民共和国劳动法〉若干问题的意见》第43条的规定，劳动合同解除后，用人单位对符合规定的劳动者应支付经济补偿金。不能因劳动者领取了失业救济金而拒付或克扣经济补偿金，失业保险机构也不得以劳动者领取了经济补偿金为由，停发或减发失业救济金。

本案中，双龙公司因业务萎缩进行经济性裁员，属于《中华人民共和国劳动合同法》规定的用人单位应当支付经济补偿金的情形；齐菲属于非因本人意愿中断就业且自身不存在过失的情况，因此，齐菲既可以领取失业保险金，又可以获得公司的经济补偿金。

当然，失业保险金与经济补偿金不是必然并存的。《中华人民共和国劳动合同法》将用人单位单方解除劳动合同分为三种情形：

过失性解除、非过失性解除、经济性裁员。其中，过失性解除是指在劳动者存在过失的情况下，用人单位无须事先通知即享有单方解除劳动合同的权利，并且不需要支付经济补偿。

比如，在"非因本人意愿中断就业"（即不是劳动者主动提出解除劳动合同）时，失业前所在单位和本人已经缴纳失业保险费满一年的、已经进行失业登记并有求职要求的劳动者可以领取失业保险金，但如果其所在单位不存在违反劳动合同约定和劳动法律、法规的情况，而是劳动者本人因严重失职给所在单位造成重大损失而被辞退的情形，那么劳动者不能获得经济赔偿金。

法律这样说

一、劳动者在哪些情况下可以获得经济补偿？

《中华人民共和国劳动合同法》第四十六条规定，有下列情形之一的，用人单位应当向劳动者支付经济补偿：

（一）劳动者依照本法第三十八条规定解除劳动合同的；

（二）用人单位依照本法第三十六条规定向劳动者提出解除劳动合同并与劳动者协商一致解除劳动合同的；

（三）用人单位依照本法第四十条规定解除劳动合同的；

（四）用人单位依照本法第四十一条第一款规定解除劳动合同的；

（五）除用人单位维持或者提高劳动合同约定条件续订劳动合同，劳动者不同意续订的情形外，依照本法第四十四条第一项规定终止固定期限劳动合同的；

（六）依照本法第四十四条第四项、第五项规定终止劳动合同的；

（七）法律、行政法规规定的其他情形。

《最高人民法院关于审理劳动争议案件适用法律若干问题的解释（一）》第十五条规定，用人单位有下列情形之一，迫使劳动者提出解除劳动合同的，用人单位应当支付劳动者的劳动报酬和经济补偿，并可支付赔偿金：

（一）以暴力、威胁或者非法限制人身自由的手段强迫劳动的；

（二）未按照劳动合同约定支付劳动报酬或者提供劳动条件的；

（三）克扣或者无故拖欠劳动者工资的；

（四）拒不支付劳动者延长工作时间工资报酬的；

（五）低于当地最低工资标准支付劳动者工资的。

1. 根据我国相关法律的规定，用人单位应当向劳动者支付解除劳动合同经济补偿的情形主要有：

（1）经劳动合同当事人协商一致，由用人单位解除劳动合同的。

（2）劳动者患病或者非因工负伤，经劳动鉴定委员会确认不能从事原工作也不能从事用人单位另行安排的工作，由用人单位解除劳动合同的。

（3）劳动者不能胜任单位安排的工作，经过用人单位培训或者调整工作岗位仍不能胜任工作，由用人单位解除劳动合同的。

（4）劳动合同订立时所依据的客观情况发生重大变化，致使原劳动合同无法履行，经当事人协商不能就变更劳动合同达成协议，由用人单位解除劳动合同的。

（5）用人单位濒临破产进行法定整顿期间或者生产经营状况发生严重困难，确需裁减人员，提前30日向工会或者全体职工说明情况，听取工会或者职工的意见，向劳动行政部门报告后，裁减人员的。

（6）企业转产、重大技术革新、经营方式调整，经变更劳动合同后，仍需裁减人员的。

（7）除用人单位维持或者提高劳动合同约定条件续订劳动合

同，劳动者不同意续订的情况外，劳动合同期满而终止固定期限劳动合同的。

（8）用人单位被依法宣告破产的。

（9）用人单位被吊销营业执照、责令关闭、撤销或者用人单位决定提前解散的。

2.《中华人民共和国劳动合同法》规定了劳动者主动解除劳动合同仍然可以获得经济补偿的特殊情形：

（1）用人单位未按照劳动合同约定提供劳动保护和劳动条件的。

（2）用人单位未及时足额支付劳动报酬的。

（3）用人单位未依法为劳动者缴纳社会保险费的。

（4）用人单位的规章制度违反法律、法规的规定，损害劳动者权益的。

（5）用人单位以欺诈、胁迫的手段或者乘人之危，使劳动者在违背真实意思的情况下订立或者变更劳动合同的。

（6）用人单位以暴力、胁迫或者非法限制人身自由的手段强迫劳动者劳动的，或者违章指挥、强令冒险作业危及劳动者人身安全的。

（7）法律、行政法规规定的其他情形。

3. 劳动合同解除或终止时，用人单位不必支付经济补偿金的情形主要有以下七种：

（1）劳动者因个人原因主动向用人单位要求解除劳动合同的。

（2）劳动合同到期后，用人单位维持或者提高劳动合同约定条件续订劳动合同，劳动者不同意续签，主动要求离职的。

（3）劳动者严重失职，严重违反用人单位规定，给用人单位造成重大损失的。

（4）劳动者在试用期间被证明不符合录用条件的。

（5）劳动者同时与其他用人单位建立劳动关系，对完成本单位的工作任务造成严重影响，或者经用人单位提出，拒不改正的。

（6）劳动者以欺诈、胁迫的手段或者乘人之危，使对方在违背真实意思的情况下订立或者变更劳动合同的。

（7）劳动者被依法追究刑事责任的。

二、经济补偿的支付标准是什么？

《中华人民共和国劳动合同法》第四十七条规定，经济补偿按劳动者在本单位工作的年限，每满一年支付一个月工资的标准向劳动者支付。六个月以上不满一年的，按一年计算；不满六个月的，向劳动者支付半个月工资的经济补偿。

劳动者月工资高于用人单位所在直辖市、设区的市级人民政府公布的本地区上年度职工月平均工资三倍的,向其支付经济补偿的标准按职工月平均工资三倍的数额支付,向其支付经济补偿的年限最高不超过十二年。

本条所称月工资是指劳动者在劳动合同解除或者终止前十二个月的平均工资。

《最高人民法院关于审理劳动争议案件适用法律若干问题的解释(四)》第五条规定,劳动者非因本人原因从原用人单位被安排到新用人单位工作,原用人单位未支付经济补偿,劳动者依照劳动合同法第三十八条规定与新用人单位解除劳动合同,或者新用人单位向劳动者提出解除、终止劳动合同,在计算支付经济补偿或赔偿金的工作年限时,劳动者请求把在原用人单位的工作年限合并计算为新用人单位工作年限的,人民法院应予支持。

用人单位符合下列情形之一的,应当认定属于"劳动者非因本人原因从原用人单位被安排到新用人单位工作":

(一)劳动者仍在原工作场所、工作岗位工作,劳动合同主体由原用人单位变更为新用人单位;

(二)用人单位以组织委派或任命形式对劳动者进行工作调动;

（三）因用人单位合并、分立等原因导致劳动者工作调动；

（四）用人单位及其关联企业与劳动者轮流订立劳动合同；

（五）其他合理情形。

经济补偿的支付年限受劳动者在解除或终止劳动合同前12个月平均工资水平的限制。

若在解除或终止劳动合同前，劳动者的月平均工资超过用人单位所在地区上年度职工月平均工资的3倍，则用人单位按所在地区上年度职工月平均工资3倍的数额支付经济补偿，支付年限最高不超过12年。

若在解除或终止劳动合同前，劳动者的月平均工资没有超过用人单位所在地区上年度职工月平均工资的3倍，则用人单位应按照劳动者在本单位实际工作的年限和月工资数额（工作不满6个月的，以半个月工资数额计算；每满1年支付1个月工资，满6个月以上不满1年的，按1年计算）支付经济补偿。

此外，劳动者非因本人原因从原用人单位被安排到新用人单位工作，且原用人单位未支付经济补偿，在计算支付经济补偿的工作年限时，可以将原用人单位的工作年限合并计算为新用人单位的工作年限，一并进行补偿。

需要注意的是，除了《中华人民共和国劳动合同法》规定的特殊情形之外,一般情况下,劳动者主动辞职是不能获得经济补偿的。用人单位在辞退劳动者时往往要求劳动者提交离职申请,如果用人单位要求劳动者在离职申请中注明"不支付经济补偿",劳动者可以拒绝;如果用人单位应该支付但没有承诺支付经济补偿,劳动者必须警惕用人单位存在利用离职申请逃避支付经济补偿的可能,不要在没有任何证据的情况下贸然提交离职申请,避免在产生劳动争议时将解除劳动关系的原因归结为劳动者主动辞职,从而丧失获得经济补偿的权利。

三、领取失业保险金的条件和标准是什么?

《中华人民共和国社会保险法》第四十五条规定,失业人员符合下列条件的,从失业保险基金中领取失业保险金:

(一)失业前用人单位和本人已经缴纳失业保险费满一年的;

(二)非因本人意愿中断就业的;

(三)已经进行失业登记,并有求职要求的。

《中华人民共和国社会保险法》第四十六条规定,失业人员失业前用人单位和本人累计缴费满一年不足五年的,领取失业保险金的期限最长为十二个月;累计缴费满五年不足十年的,领取失业保险金的期限最长为十八个月;累计缴费十年以上的,领取失业保险金的期限最长为二十四个月。重新就业后,再次失业的,缴费时间重新计算,领取失业保险金的期限与前次失业应当领取而尚未领取的失业保险金的期限合并计算,最长不超过二十四个月。

《中华人民共和国社会保险法》第四十七条规定,失业保险金的标准,由省、自治区、直辖市人民政府确定,不得低于城市居民最低生活保障标准。

《中华人民共和国社会保险法》第五十一条规定,失业人员在领取失业保险金期间有下列情形之一的,停止领取失业保险金,并同时停止享受其他失业保险待遇:

(一)重新就业的;

(二)应征服兵役的;

(三)移居境外的;

(四)享受基本养老保险待遇的;

(五)无正当理由,拒不接受当地人民政府指定部门或者机构介绍的适当工作或者提供的培训的。

《中华人民共和国社会保险法》第五十二条规定,职工跨统筹地区就业的,其失业保险关系随本人转移,缴费年限累计计算。

1."非因本人意愿中断就业的"指的是下列人员:

(1)因劳动合同期满,用人单位被依法宣告破产,用人单位被吊销营业执照、责令关闭、撤销或用人单位决定提前解散情形使得劳动合同终止的。

（2）被用人单位解除劳动合同的。

（3）被用人单位开除、除名和辞退的。

（4）因用人单位以暴力、威胁或者非法限制人身自由的手段强迫劳动或因用人单位未按照劳动合同约定支付劳动报酬或者提供劳动条件，劳动者通知用人单位解除劳动合同的。

（5）法律、法规另有规定的。

2. 失业人员除了要符合领取失业保险金的三个条件，还要完成三个步骤：

（1）提醒原单位及时为自己出具终止或者解除劳动关系的证明，并在终止或者解除劳动关系之日起15日内，将含有自己姓名的失业人员名单告知社会保险经办机构。

（2）持原单位为自己出具的终止或者解除劳动关系的证明，及时到指定的公共就业服务机构办理失业登记。

（3）凭失业登记证明和个人身份证明，到社会保险经办机构办理领取失业保险金的手续。失业保险金领取期限自办理失业登记之日起计算。

3. 失业人员除了可以领取失业保险金外，还可享受其他待遇：

（1）失业人员在领取失业保险金期间患病就医的，可以申请领取医疗补助金。

（2）失业人员在领取失业保险金期间死亡的，其家属可以申请领取一次性丧葬补助金和抚恤金。

（3）失业人员在领取失业保险金期间接受职业培训、职业介绍的，可以按规定享受就业服务减免费用等优惠政策。

（4）部分省、自治区、直辖市人民政府为失业人员提供生活困难补助费。

温馨小贴士

根据《中华人民共和国劳动争议调解仲裁法》第四十四条的规定，仲裁庭对追索劳动报酬、工伤医疗费、经济补偿或者赔偿金的案件，根据当事人的申请，可以裁决先予执行，移送人民法院执行。仲裁庭裁决先予执行的，应当符合两个条件：当事人之间权利义务关系明确；不先予执行将严重影响申请人的生活。劳动者申请先予执行的，可以不提供担保。

需要注意的是，因为劳动报酬、工伤医疗费、经济补偿金或者赔偿金等发生的劳动争议案件中，劳动者对其提出的主张原则上负有举证责任，但对于主要由用人单位进行掌握管理的证据，用人单位必须承担举证责任。

劳动者在提供劳动的同时一定要加强对相关法律知识的了解、学习，既要提升自己的业务能力和法律素质，不因自身过失给用人单位带来严重损失，也要注重收集和保留能够证明在单位实际工作年限的证据（如劳动合同、工资支付凭证、荣誉证书等相关材料），以便在自身权益受到侵害时，通过法律程序维护自身权益。

值得注意的是，2020年，为了应对新冠肺炎疫情影响、保障基本民生，做好困难群众兜底保障、维护社会稳定，人力资源社会保障部和财政部发布《关于扩大失业保险保障范围的通知》，要求对参保缴费满1年、非因本人意愿中断就业、已办理失业登记并有求职要求的失业人员，应及时足额发放失业保险金，代缴基本医疗保险费，按规定发放价格临时补贴、丧葬补助金和抚恤金。自2019年12月起，延长大龄失业人员领取失业保险金期限，对领取失业保险金期满仍未就业且距法定退休年龄不足1年的失业人员，可继续发放失业保险金至法定退休年龄。

18 无法享受工伤保险待遇？
关键看是不是劳动关系！

2017年12月1日，于爽经人介绍到金德公司从事配送分拣工作，工作时间是每天晚上5点到8点，金德公司根据于爽的实际出勤时间按每小时40元结算当日报酬。双方没有签订任何书面合同。

2017年12月23日，于爽在骑车上班的途中被一辆失控的面包车撞倒，造成双下肢粉碎性骨折。在住院治疗的6个月中，于爽做了3次大手术，共花费23万元，最终完全丧失劳动能力。

交通事故发生之后，于爽失去了收入，巨额的医药费用让于爽一家陷入了困境。虽然交警部门认定肇事面包车负事故全部责任，但肇事司机只投保了交强险，无力承担于爽的巨额医疗费和

18 无法享受工伤保险待遇?
关键看是不是劳动关系!

残疾赔偿金。

走投无路的于爽想到此次交通事故发生在自己上班途中,自己遭受的对方负全责的交通事故伤害符合工伤认定条件,遂要求金德公司按工伤处理。金德公司告诉于爽,公司与她形成的是劳务关系,不是劳动关系,无法为她申报工伤保险待遇,但公司愿意为她提供5万元医疗救助费,除此之外公司爱莫能助。

于爽不认可金德公司的说法,遂向当地社会保险行政部门提出工伤认定申请。在工伤认定的审查过程中,金德公司提出抗辩,认为于爽只是公司的临时用工人员而非正式职工,公司与于爽之间不是劳动关系,于爽遭受的交通事故伤害不符合工伤认定条件。

经审查,于爽是一家商店的实际经营人,也是营业执照上登记的个体工商户业主。鉴于于爽每天提供3小时劳动、金德公司按日结算报酬,金德公司与于爽之间系劳务关系,不是劳动关系。最终,社会保险行政部门对于爽的工伤申请作出不予认定的决定。

律师谈一谈

常见的劳动者与支付酬金者之间的法律关系包括劳动关系、劳务关系和雇佣关系。

劳动关系是指劳动者接受用人单位的管理，从事用人单位安排的工作，成为用人单位的成员，遵守用人单位的管理制度，由用人单位支付工资、缴纳社会保险，享受法定假期等，受劳动法律法规保护的稳定、持续的法律关系。

劳务关系是指劳动者向用工者提供一次性或者特定的劳动或服务，用工者依约向劳动者支付劳动报酬的有偿劳动关系。

雇佣关系是指受雇人利用雇佣人提供的条件，在雇佣人的指导、监督下，以自身技能为雇佣人提供劳动，并由雇佣人支付劳动报酬的法律关系。

劳动关系与劳务关系颇为相近，主要区别有以下五点：

1.主体不同。在劳动关系中，与劳动者相对的一方是用人单位，包括企业、个体经济组织、民办非企业单位、国家机关、事业单位、社会团体等；在劳务关系中，用人方可以是自然人，也可以是单位。

2.关系紧密程度不同。在劳动关系中，劳动者是用人单位的组成成员，遵守其内部的规章制度，与用人单位之间有隶属关系，存在人身依附性；在劳务关系中，提供劳务者（雇员）不是接受劳务者（雇主）一方的成员，双方之间的关系比较松散，只存在经济关系，一旦完成约定的工作，劳务关系即终止。

18 无法享受工伤保险待遇?
关键看是不是劳动关系!

3.受国家法律干预的程度不同。在劳动关系中,劳动关系主体的权利和义务在许多方面受到国家的干预,体现国家的意志,工资、劳动时间、劳动保护、法定节假日、最低工资保障、缴纳社保等必须符合国家法律规定;在劳务关系中,劳动报酬、劳动时间、劳动内容等权利和义务是通过双方的自由协商来确定的,贯彻的是私法中的"契约自由"精神。

4.调整适用的法律不同。劳动关系主要受劳动法调整,主要包括《中华人民共和国劳动法》《中华人民共和国劳动合同法》《中华人民共和国劳动合同法实施条例》;劳务关系主要受民法调整,主要包括《中华人民共和国民法通则》《最高人民法院关于人身损害赔偿的司法解释》,《中华人民共和国民法典》生效后,还要受其和其司法解释的调整。

5.发生争议后的处理程序不同。劳动关系主体之间发生劳动争议后,当事人不愿协商、协商不成或者达成和解协议后不履行的,应当先向劳动争议仲裁委员会申请仲裁,对仲裁裁决不服的,除法律另有规定外,可以再向人民法院提起诉讼,劳动仲裁是提起诉讼的前置程序;劳务关系主体之间产生劳动纠纷,则适用民事争议处理程序,协商不成的,当事人可以直接向人民法院提起诉讼。

本案中，于爽与金德公司没有签订劳动合同，也没有缴纳过社保，除了到金德公司工作的3小时，于爽可以自由安排其他时间，双方之间采用的是松散的用工模式，仅依靠提供的实际工作时间结算当日报酬，他们之间不存在隶属关系，形成的法律关系是劳务关系，而不是劳动关系。因此，于爽无法适用劳动关系中应当认定为工伤的情形。

法律这样说

一、提供劳务时遇到侵权，应如何处理？

《中华人民共和国民法典》第一千一百九十二条规定，个人之间形成劳务关系，提供劳务一方因劳务造成他人损害的，由接受劳务一方承担侵权责任。接受劳务一方承担侵权责任后，可以向有故意或者重大过失的提供劳务一方追偿。提供劳务一方因劳务受到损害的，根据双方各自的过错承担相应的责任。

提供劳务期间，因第三人的行为造成提供劳务一方损害的，提供劳务一方有权请求第三人承担侵权责任，也有权请求接受劳务一方给予补偿。接受劳务一方补偿后，可以向第三人追偿。

该条法律规定在《中华人民共和国侵权责任法》第三十五条

18 无法享受工伤保险待遇？
关键看是不是劳动关系！

规定和《最高人民法院关于审理人身损害赔偿案件适用法律若干问题的解释》第九条、第十一条规定的内容基础上，增加了接受劳务一方承担侵权责任后向有故意或者重大过失的提供劳务一方及第三人追偿的权利。既体现了报偿责任原理，又平衡了个人劳务关系中的风险和责任划分，更加注重公平与效率。

简单来说，追偿权就是侵权人承担侵权责任后，根据法律规定要求他人为自己承担的侵权责任"买单"的权利。既能保障被侵权人的损失能够得到合理赔偿，也能让提供劳务一方为自己的错误行为承担责任，并进一步增强风险意识，在提供劳务的过程中尽到审慎注意义务，保障接受劳务一方的正当权益，减少侵权案件的发生。

在劳务关系中，如果是第三人造成了提供劳务一方人身伤害的，提供劳务一方可以根据两个法律关系（侵权关系和雇佣关系）选择赔偿义务主体——既可以根据损害侵权事实直接要求致害人进行赔偿，也可以要求接受劳务一方给予补偿。需要注意的是，这两个承担义务主体可以选择适用，不能要求连带。也就是说，因第三人侵权行为受损的，找不到第三人或第三人无力承担侵权责任时，接受劳务一方需承担补偿而非赔偿责任。

在现实生活中，雇佣关系中雇员人身损害的赔偿标准往往高于劳动关系中的工伤赔偿标准,赔偿范围包括遭受伤害后实际支出的费用和减少的预期收入。一般情况下,赔偿是一次性的。除了赔偿物质损失之外,还可以主张精神抚慰金。

不过,不能据此简单地认为雇佣关系对劳动者的保护优于劳动关系,因为雇主没有赔偿能力的情况非常常见,而工伤赔偿由工伤保险基金支付,具有稳定、强大的保障条件和支付能力。

我国立法将劳动关系从雇佣关系中独立出来,对劳动者的工作条件、劳动保护、法定休息权、社会保障权等权利在劳动法规中作出规定,目的就是对劳动者进行有别于雇工的特殊保护,维护长久、稳定的就业。

二、如何认定工伤?

《中华人民共和国工伤保险条例》第十四条规定,职工有下列情形之一的,应当认定为工伤:

(一)在工作时间和工作场所内,因工作原因受到事故伤害的;

(二)工作时间前后在工作场所内,从事与工作有关的预备性或者收尾性工作受到事故伤害的;

(三)在工作时间和工作场所内,因履行工作职责受到暴力等意外伤害的；

（四）患职业病的；

（五）因工外出期间，由于工作原因受到伤害或者发生事故下落不明的；

（六）在上下班途中，受到非本人主要责任的交通事故或者城市轨道交通、客运轮渡、火车事故伤害的；

（七）法律、行政法规规定应当认定为工伤的其他情形。

《中华人民共和国工伤保险条例》第十五条规定，职工有下列情形之一的，视同工伤：

（一）在工作时间和工作岗位，突发疾病死亡或者在48小时之内经抢救无效死亡的；

（二）在抢险救灾等维护国家利益、公共利益活动中受到伤害的；

（三）职工原在军队服役，因战、因公负伤致残，已取得革命伤残军人证，到用人单位后旧伤复发的。

职工有前款第（一）项、第（二）项情形的，按照本条例的有关规定享受工伤保险待遇；职工有前款第（三）项情形的，按照本条例的有关规定享受除一次性伤残补助金以外的工伤保险待遇。

《中华人民共和国工伤保险条例》第十六条规定，职工符合本

条例第十四条、第十五条的规定,但是有下列情形之一的,不得认定为工伤或者视同工伤:

(一)故意犯罪的;

(二)醉酒或者吸毒的;

(三)自残或者自杀的。

工伤保险是指劳动者在工作中或在规定的特殊情况下,遭受意外伤害或患职业病导致暂时或永久丧失劳动能力以及死亡时,劳动者或其遗属从国家和社会获得物质帮助的一种社会保险制度。

工伤保险是社会保险的组成部分,属于国家强制保险的一种,是国家对劳动者实行劳动保护的基本制度。由于工伤保险是一项基本的普适保障制度,对于工伤的认定遵循适度从宽的原则,只要劳动者遭受的伤害与工作存在一定关系,一般都可以认定为工伤。

工伤是指职工在工作过程中因工作原因受到事故伤害或者患职业病。工伤认定的前提是劳动者与用人单位之间存在劳动关系,或者没有签订劳动合同但形成了事实劳动关系。

工伤赔偿旨在保障劳动者的基本生活,赔偿范围仅限于人身伤害,并且给付金额受《工伤保险条例》的约束。工伤等级不同,则赔偿标准不同。工伤保险基金可支付的项目包括:工伤医疗费,

18 无法享受工伤保险待遇？
关键看是不是劳动关系！

生活护理费，伤残补助金，伤残津贴，辅助器具配置费，康复性治疗费，供养亲属抚恤金，丧葬补助金，一次性工亡补助金，劳动能力鉴定费等。

职工发生事故伤害或者按照职业病防治法规定被诊断、鉴定为职业病，所在单位应当自事故伤害发生之日或者被诊断、鉴定为职业病之日起 30 日内，向统筹地区社会保险行政部门提出工伤认定申请。遇有特殊情况，经报社会保险行政部门同意，申请时限可以适当延长。用人单位未按前款规定提出工伤认定申请的，工伤职工或者其近亲属、工会组织在事故伤害发生之日或者被诊断、鉴定为职业病之日起 1 年内，可以直接向用人单位所在地统筹地区社会保险行政部门提出工伤认定申请。

申请工伤认定，应提交以下材料：

（1）工伤认定申请表（一式四份，在劳动保障行政部门领取）。

（2）与用人单位存在劳动关系（包括事实劳动关系）的证明材料，包括劳动合同或者工资报酬的领取证明、工友同事的书面证明等。

（3）医疗诊断证明书或者职业病诊断证明书（或者职业病诊断鉴定书）。

（4）职工居民身份证（复印件）。

（5）有特殊情形的，还要提供其他相应的证明材料，如职工死亡的，要提交死亡证明等。

温馨小贴士

工伤保险属于社会保障范畴，其设立初衷是规范合法用工，通过社会统筹的方式筹集工伤保障基金，分散企业用工风险，维护劳动者利益。在社会保险中，工伤保险费、生育保险费全部由用人单位缴纳，基本养老保险费、基本医疗保险费、失业保险费由用人单位和劳动者共同缴纳。

在现实生活中，如果劳动者没有与用人单位签订劳动合同，用人单位一般不会为劳动者缴纳包含工伤保险的社会保险，在这种情况下，劳动者遭受伤害被认定为工伤的，工伤保险待遇只能由用人单位承担。

面对高昂的工伤成本，用人单位一般会与劳动者激烈对抗，找出种种理由否认与劳动者之间存在劳动关系，设置障碍增加劳动者的维权成本。

鉴于维权过程中的困难与结果的不确定性，有些背负巨额医疗费用的劳动者不得不接受用人单位严重缩水或少得可怜的补偿，从而放弃工伤认定的维权之路。

此外，有的伤残津贴可能需要用人单位支付几十年之久，一旦用人单位因破产或停业而无力支付后续工伤赔偿，劳动者的权益保护就无从谈起了。

因此，劳动者必须要求用人单位签订劳动合同并依法参加社会保险，发生劳动争议时才能拿起法律武器维护自己的合法权益。

19 安排重体力劳动？特殊劳动保护来护驾！

2015年8月，张丽应聘到凤帆摩托车制造公司从事产品检验工作。2017年9月，由于设备升级，产品检验岗位的部分人工检验工作改为机器自动检验流程，公司对人工检验岗位人员进行了调岗，张丽被安排到了装配车间。

由于装配车间的工作属于重体力劳动，女职工无法胜任，张丽多次要求公司进行调岗，但公司以没有空缺岗位为由，让张丽先暂时在装配车间上班，等有合适的岗位之后再进行调整。

在装配车间工作了5个月，张丽的健康明显受损，经常腰酸背疼，精神越来越萎靡。2018年3月，张丽以公司违法安排女职工从事重体力劳动为由，向劳动争议仲裁委员会提出仲裁申请，请求解除劳动合同，并要求公司支付经济补偿金40000元。

19　安排重体力劳动？
特殊劳动保护来护驾！

开庭时，公司提交了与张丽签订的注明工作岗位是质量检验岗的劳动合同，辩称由于设备升级后检验岗位缩编，公司告知张丽或者待岗领取最低工资，或者到装配车间工作，张丽因不想失业和想要获得装配车间的高工资而同意调岗到装配车间，但工作没几个月就以无法胜任装配车间的工作为由请求再次调岗，最后又因个人原因主动提出解除劳动合同，因此，公司没有任何过错，不应该支付经济补偿金。

仲裁庭经过审理并到公司的装配车间实地调查取证，发现轮胎、车体装配等工作属于女职工禁止从事的重体力劳动范围，最终裁决双方解除劳动合同，公司向张丽支付经济补偿金32000元。

律师谈一谈

女职工的合法权益是指女职工享受国家法律、法规规定的公民、职工享有的权益，同时还享有国家对妇女规定的特殊权益，包括女职工的政治权利、文化教育权益、劳动权益、财产和婚姻家庭权益以及人身权利等。

女职工特殊保护是指除了对男女职工都实行的普遍意义上的职业保护外，针对女职工的身体结构、生理机能特点以及孕育子女的需要，为消除劳动条件、劳动场所有害因素对女职工身体健康造成特殊影响而采取专门保护措施，在劳动过程中给予女职工特别保护。

由于女性在身体结构和生理机能上有别于男性，并且承担着孕育下一代的重任，需要经历经期、孕期、产期、哺乳期、更年期五个特殊时期，如果不对女性进行特殊的劳动保护，放任她们从事过重的体力劳动或者在恶劣的环境中工作，就会严重损害女性的身心健康，不利于提高下一代的人口素质。

比如，对于女职工来说，负重劳动可引起腹压、盆腔压力增高，导致子宫后倾、下垂，出现月经失调、痛经等。长时间过度负重，可以导致严重的子宫脱垂。在怀孕期间过度负重，则会造成盆腔血流不畅、瘀血等，容易引起流产、早产等。

我国法律、法规对女职工的特殊劳动保护主要体现在《女职工劳动保护特别规定》《中华人民共和国妇女权益保障法》《中华人民共和国劳动法》《中华人民共和国劳动合同法》之中。

为了减少和解决女职工在劳动中因生理特点造成的特殊困难，保护女职工的健康，早在1988年，国务院就发布了《女职工劳动保护规定》，并于2012年进行了修改，调整了女职工禁忌从事的劳动范围，规范了产假假期和待遇，调整了监督管理体制，形成了现在施行的《女职工劳动保护特别规定》。

需要注意的是,对于女职工禁忌从事的劳动,即便女职工同意从事,用人单位也不能安排,否则应承担违法责任。

本案中,风帆摩托车制造公司安排张丽承担女性禁忌从事的重体力工作,别说张丽无法胜任且要求公司予以调整,就是张丽没有异议,劳动监察部门发现后也会予以纠正。

法律这样说

一、我国法律、法规为女职工提供了哪些特殊劳动保护?

《中华人民共和国妇女权益保障法》第六十三条规定,任何单位均应根据妇女的特点,依法保护妇女在工作和劳动时的安全和健康,不得安排不适合妇女从事的工作和劳动。

妇女在经期、孕期、产期、哺乳期受特殊保护。

《女职工劳动保护特别规定》附录规定,一、女职工禁忌从事的劳动范围:

(一)矿山井下作业;

(二)体力劳动强度分级标准中规定的第四级体力劳动强度的作业;

(三)每小时负重6次以上、每次负重超过20公斤的作业,或者间断负重、每次负重超过25公斤的作业。

二、女职工在经期禁忌从事的劳动范围:

(一)冷水作业分级标准中规定的第二级、第三级、第四级冷水作业;

(二)低温作业分级标准中规定的第二级、第三级、第四级低温作业;

(三)体力劳动强度分级标准中规定的第三级、第四级体力劳动强度的作业;

(四)高处作业分级标准中规定的第三级、第四级高处作业。

三、女职工在孕期禁忌从事的劳动范围:

(一)作业场所空气中铅及其化合物、汞及其化合物、苯、镉、铍、砷、氰化物、氮氧化物、一氧化碳、二硫化碳、氯、己内酰胺、氯丁二烯、氯乙烯、环氧乙烷、苯胺、甲醛等有毒物质浓度超过国家职业卫生标准的作业;

(二)从事抗癌药物、己烯雌酚生产,接触麻醉剂气体等的作业;

(三)非密封源放射性物质的操作,核事故与放射事故的应急处置;

（四）高处作业分级标准中规定的高处作业；

（五）冷水作业分级标准中规定的冷水作业；

（六）低温作业分级标准中规定的低温作业；

（七）高温作业分级标准中规定的第三级、第四级的作业；

（八）噪声作业分级标准中规定的第三级、第四级的作业；

（九）体力劳动强度分级标准中规定的第三级、第四级体力劳动强度的作业；

（十）在密闭空间、高压室作业或者潜水作业，伴有强烈振动的作业，或者需要频繁弯腰、攀高、下蹲的作业。

四、女职工在哺乳期禁忌从事的劳动范围：

（一）孕期禁忌从事的劳动范围的第一项、第三项、第九项；

（二）作业场所空气中锰、氟、溴、甲醇、有机磷化合物、有机氯化合物等有毒物质浓度超过国家职业卫生标准的作业。

根据女职工在经期、孕期和哺乳期"三期"期间的生理特点，我国法律、法规不仅给予了特殊的劳动保护，明确规定了女职工禁忌从事的劳动范围，还提供了更多的人文关怀，要求用人单位对"三期"女职工给予特别照顾。

明确规定女职工禁忌从事的劳动范围，旨在根据我国女职工的生理心理特点、企业用工制度与社会保障方面等情况，平衡女性平等就业与健康保护的关系,保护女职工免受职业病危害,尤其是保护女性特殊时期的健康,保证劳动力资源可持续发展。

为了切实做好女职工特殊劳动保护工作、保护女职工的职业健康与生殖健康,用人单位应当自觉履行企业的社会责任与法律责任,严格遵守国家有关劳动安全卫生法律、法规,不得安排女职工从事禁忌劳动;采取措施改善劳动安全卫生条件,加强对劳动安全卫生设备、设施的管理,加强对危险物品、危险源的管理,提供符合标准要求的劳动安全卫生防护用品,进行经常性的劳动安全卫生检查;保障女职工的知情权,将本单位属于女职工禁忌从事的劳动范围的岗位,书面告知女职工;对女职工进行劳动安全卫生知识培训,使女职工了解有关劳动安全卫生法律、法规和标准,掌握与本职工作相关的劳动卫生知识与技能,掌握符合劳动安全卫生要求的操作规程,学习正确使用劳动保护防护用品,掌握可能发生事故的应急救援措施,帮助女职工提高自我防护意识和技能。

二、女职工特殊劳动保护受到侵害时,应该如何维权?

《中华人民共和国劳动合同法》第二十六条规定,下列劳动合同无效或者部分无效:

(一)以欺诈、胁迫的手段或者乘人之危,使对方在违背真实意思的情况下订立或者变更劳动合同的;

(二)用人单位免除自己的法定责任、排除劳动者权利的;

(三)违反法律、行政法规强制性规定的。

对劳动合同的无效或者部分无效有争议的,由劳动争议仲裁机构或者人民法院确认。

《中华人民共和国劳动合同法》第三十八条规定,用人单位有下列情形之一的,劳动者可以解除劳动合同:

(一)未按照劳动合同约定提供劳动保护或者劳动条件的;

(二)未及时足额支付劳动报酬的;

(三)未依法为劳动者缴纳社会保险费的;

(四)用人单位的规章制度违反法律、法规的规定,损害劳动者权益的;

(五)因本法第二十六条第一款规定的情形致使劳动合同无效的;

(六)法律、行政法规规定劳动者可以解除劳动合同的其他情形。

用人单位以暴力、威胁或者非法限制人身自由的手段强迫劳动者劳动的,或者用人单位违章指挥、强令冒险作业危及劳动者人身安全的，劳动者可以立即解除劳动合同，不需事先告知用人单位。

当女职工的特殊劳动保护权益受到侵害，即女职工被用人单位安排从事不适合妇女从事的工作、女职工禁忌从事的劳动，甚至订立或变更了劳动合同时，用人单位的劳动合同属于违反法律、行政法规强制性规定，损害了劳动者权益的情形，所订立或变更的劳动合同无效。因用人单位过错导致劳动合同无效的，女职工可以要求用人单位支付经济补偿金。

在劳动关系中，劳动者处于弱势地位。从保护劳动者权益的角度出发，法律赋予了劳动者单方解除劳动合同的权利，使其能够根据自身的能力、特长、志趣爱好等来选择适合自己的职业，充分发挥自身潜能，从而实现劳动力资源的合理配置。

劳动者在没有与用人单位约定服务期等特殊条款的情形下，享有法定解除劳动合同的权利而无须征得用人单位的同意或批准，但同时需满足一定的条件并符合法定程序：以书面形式通知用人单位；遵守解除预告期，提前 30 日告知用人单位。

也就是说，劳动者在书面通知用人单位后还应继续工作 30 天，以便用人单位及时安排人员接替工作，保持劳动过程的连续性，避免因解除劳动合同影响企业的生产经营活动。与此同时，用人单位应及时配合劳动者办理解除劳动合同的证明及档案转移等手续。

需要注意的是,劳动者在试用期内提前 3 日通知用人单位,可以解除劳动合同。此外,出现两种情况时,劳动者可以立即解除劳动合同,不需事先告知用人单位:以暴力、威胁或者非法限制人身自由的手段强迫劳动;违章指挥、强令冒险作业危及人身安全。

我国劳动法律法规在赋予劳动者灵活辞职权的同时,也要求劳动者必须做好证据保留工作,即在行使解除劳动合同权时,一定要保留好"辞职通知"凭证。否则,一旦用人单位否认收到书面辞职申请且以劳动者擅自离职造成重大损失为由要求劳动者承担责任,劳动者就有可能陷于被动局面,面临不利后果。

温馨小贴士

女性不仅为社会创造了财富,更重要的是肩负着人类繁衍的使命。女性的身心健康不仅影响自身和家庭的发展,更关系国家和民族的未来。尊重女性、优待女性是全人类的共同责任。

新中国成立后,我国女性的地位有了很大提高,"女士优先"

逐渐渗透到家庭、职场、社会的每个角落。虽说"妇女能顶半边天",但有些特殊工种并不适合女性,这些工作或者超出了女性体能的承载极限,或者工作环境对女性生育造成不良影响。因此,特殊工种请女性走开不是性别歧视,而是对女性的保护。

针对女性的生理特点和抚育后代的需要,我国的法律、法规对女职工在劳动过程中的安全和健康加以特殊保护,切实维护女职工的合法权益,保护女职工的身心健康,保障其子女正常发育和成长。对女职工依法实行特殊保护,不仅是用人单位的法律责任,更是一种社会责任。

不过,对女职工实行特殊保护,势必增加用人单位的用工成本,很多用人单位不愿意录用或继续使用女职工,尤其是处于孕期、产期、哺乳期的女职工。其实,只要用人单位采取适当的措施进行用工法律风险防范,同时女职工不断提升自己的个人竞争力,成为不可替代的精英员工,就能形成和谐的劳动关系。

20 怀孕被辞退？单位支付赔偿金！

2013年，赵洁应聘到靓丽化妆品代理公司担任产品推广经理。由于公司有不成文的规定——从事产品推广的员工6年内不可生育，赵洁选择了隐婚。

2017年5月17日，赵洁因身体不适到医院检查，被医生诊断为早孕并伴先兆流产，需要卧床休息。随后，赵洁电话通知部门经理刘颖，称身体不舒服，需要休5天病假。刘颖让赵洁把请假条和医院诊断证明提交给公司领导批准，由于医生要求赵洁卧床休息，而赵洁的丈夫正在外地出差，赵洁只好把请假条和医院诊断证明拍成照片发到刘颖的工作邮箱。

5月22日，公司称赵洁无故旷工，没有及时交接工作，造成促销活动进展不利，营业额没有达到商场的销售要求，导致公司的品牌专柜被移出黄金区域，给公司造成了重大损害，由于赵洁的行为严重违反了公司管理制度，公司决定解除与赵洁的劳动合同。5月25日，公司向赵洁邮寄了解除劳动合同通知书。

辛勤工作了5年，仅因为怀孕请假休息了5天就遭遇辞退，而且公司没有支付任何经济补偿，赵洁对此倍感委屈和不满。在咨询律师后，她决定提起劳动仲裁，要求公司支付违法解除劳动合同的赔偿金12万余元。

仲裁开庭时，靓丽公司提出了抗辩理由，认为赵洁在公司《员工个人情况表》中登记的婚姻状况是未婚，根据公司《员工管理手册》第二十一条的规定，员工准备怀孕生育的，需要提前3个月告知公司人力资源经理，而赵洁没有向公司报备，领导也没有收到赵洁怀孕保胎的病休假条，公司根本不知道赵洁怀孕；赵洁没有履行公司规定的请假手续，其旷工行为给公司造成了重大损害，根据公司的管理规定，对于擅自旷工、严重违反公司管理规定的员工，公司有权解除劳动合同。

劳动仲裁委员会认为赵洁在医生开出诊断后，第一时间就打电话向部门经理请假，虽然公司要求员工请病假必须提交书面请假条和医院诊断证明，但由于赵洁属于先兆流产需要卧床休息，而其丈夫因出差无法及时转交，赵洁通过邮件将相关材料发送给部门经理的行为，应当视为适当履行了请假手续。虽然公司提交了部门经理刘颖没有收到邮件的说明，但赵洁提交的邮件发送情况显示已经发送成功，刘颖没有收到邮件属于其工作疏忽，不能视为赵洁没有请假。

对于赵洁结婚、怀孕没有及时向公司报告违反公司管理规定的问题，劳动仲裁委员会认为公民的婚姻状况属于个人隐私，虽然赵洁在2014年1月的《员工个人情况表》中将婚姻状况填写为未婚，与她实际已婚的婚姻状况不符，但她的婚姻状况变化并不必然对工作造成实质影响，公司的《员工管理手册》要求员工如实填写个人信息只是一种管理规定，并不能因为员工没有如实填写婚姻状况就可以与员工解除劳动合同。退一步来讲，即使是未婚先孕，女性在孕期的权益也应该受到特殊保护。根据相关法律规定，女职工在怀孕期间，没有依法解除劳动合同的特殊情况，用人单位不可以解除劳动合同，最终仲裁裁决靓丽公司解除劳动合同的行为违法，应支付赵洁各项经济赔偿金共计10.8万元。

靓丽公司对仲裁结果不服，向法院提起诉讼。一审法院审理后，认为公司的理由不能成立，驳回了公司的诉讼请求，劳动仲裁裁决结果生效。

律师谈一谈

有的用人单位在招聘女职工时，会对其婚姻、生育状况进行调查，特意把一些工作岗位设定为未婚者才可以应聘，在签订劳动合同时还要求女职工保证几年内不结婚或者不生育，以达到让女职工不顾个人生活、全身心服务公司的目的。

劳动者能否胜任工作，取决于劳动者的工作能力和工作意愿，与其婚姻情况、生育计划等关系不大，而且这些信息属于个人隐私，劳动者愿意告知的可以告知，但用人单位没有强行要求劳动者告知的权利。

本案中，劳动仲裁委员会结合赵洁的个人实际情况，人性化地对待特殊情况下员工请假的问题，没有机械地适用靓丽公司的管理规定，而是认为赵洁已经适当履行了请假手续。靓丽公司以赵洁没有请假、擅自旷工为由将其辞退，实质是将处于孕期的女职工当成负担，不愿承担特殊时期的用人义务，妄图通过一种看似合理的方式达到辞退怀孕女职工的目的。

我国在立法上严格保护女职工的权益，尤其是处于孕期、产期、哺乳期"三期"女职工的特殊权益。如果用人单位宁愿违法，也要与处于"三期"的女职工解除劳动合同,那么用人单位必将付出更大的代价——依照经济补偿标准(每满一年支付一个月工资)的两倍向劳动者支付赔偿金。

本案中,赵洁在靓丽公司工作了4年,因公司违法解除劳动合同,应向其支付等同于8个月工资金额(每个月工资为1.32万元,8个月工资金额为10.8万元)的赔偿金。

法律这样说

一、用人单位录用女职工时,可以规定限制女职工结婚、生育的内容吗?

《中华人民共和国妇女权益保障法》第二十二条规定,国家保障妇女享有与男子平等的劳动权利和社会保障权利。

《中华人民共和国妇女权益保障法》第二十三条规定,各单位在录用职工时,除不适合妇女的工种或者岗位外,不得以性别为由拒绝录用妇女或者提高对妇女的录用标准。

各单位在录用女职工时,应当依法与其签订劳动(聘用)合同或者服务协议,劳动(聘用)合同或者服务协议中不得规定限制女职工结婚、生育的内容。

禁止录用未满十六周岁的女性未成年人,国家另有规定的除外。

《中华人民共和国劳动法》第十三条规定,妇女享有与男子平等的就业权利。在录用职工时,除国家规定的不适合妇女的工种或者岗位外,不得以性别为由拒绝录用妇女或者提高对妇女的录用标准。

《中华人民共和国就业促进法》第二十七条规定,国家保障妇女享有与男子平等的劳动权利。

用人单位招用人员,除国家规定的不适合妇女的工种或者岗位外,不得以性别为由拒绝录用妇女或者提高对妇女的录用标准。

用人单位录用女职工,不得在劳动合同中规定限制女职工结婚、生育的内容。

平等就业权是一项重要的女性劳动权益。不得不承认,在现实生活中,存在很多女性就业歧视现象,如招录中的性别歧视、就业后的同工不同酬、职场发展歧视等。

目前,我国已形成了以《中华人民共和国宪法》为总纲,以《中华人民共和国妇女权益保障法》《中华人民共和国劳动法》《中华人民共和国就业促进法》《女职工劳动保护特别规定》以及相关地方性法规、规章为支撑的保障女性平等就业权的法律体系和政策措施，积极创造公平就业环境，消除就业歧视。

我国法律、法规明确规定妇女享有与男子平等的就业权利。在录用职工时，除了国家规定的不适合妇女的工种或者岗位之外，不得以性别为由拒绝录用妇女或者提高对妇女的录用标准，不得在劳动合同中规定限制妇女结婚、生育的内容。

用人单位招用人员、职业中介机构从事职业中介活动，应当向劳动者提供平等的就业机会和公平的就业条件，不得实施就业歧视。同时，国家加大劳动保障监察执法力度，依法查处用人单位和职业中介机构的性别歧视行为。

如果用人单位在招聘员工时，标明招聘男性员工多少名，但其所招聘岗位不属于女职工禁忌从事劳动范围，就构成了就业歧视。对构成就业歧视的用人单位，女职工有权向人民法院提起诉讼。随着歧视认定范围的逐步扩大，用人单位面临的法律约束越来越多，一旦出现反歧视个案纠纷，就会对用人单位的声誉和利益造成不利影响。

二、用人单位可以解除怀孕女职工的劳动合同吗？

《中华人民共和国妇女权益保障法》第二十七条规定，任何单位不得因结婚、怀孕、产假、哺乳等情形，降低女职工的工资，辞退女职工，单方解除劳动（聘用）合同或者服务协议。但是，女职工要求终止劳动（聘用）合同或者服务协议的除外。

各单位在执行国家退休制度时，不得以性别为由歧视妇女。

《中华人民共和国劳动法》第二十九条规定，劳动者有下列情形之一的，用人单位不得依据本法第二十六条、第二十七条的规定解除劳动合同：

（一）患职业病或者因工负伤并被确认丧失或者部分丧失劳动能力的；

（二）患病或者负伤，在规定的医疗期内的；

（三）女职工在孕期、产期、哺乳期的；

（四）法律、行政法规规定的其他情形。

《中华人民共和国劳动合同法》第四十二条规定，劳动者有下列情形之一的，用人单位不得依照本法第四十条、第四十一条的规定解除劳动合同：

（一）从事接触职业病危害作业的劳动者未进行离岗前职业健康检查，或者疑似职业病病人在诊断或者医学观察期间的；

（二）在本单位患职业病或者因工负伤并被确认丧失或者部分丧失劳动能力的；

（三）患病或者非因工负伤，在规定的医疗期内的；

（四）女职工在孕期、产期、哺乳期的；

（五）在本单位连续工作满十五年，且距法定退休年龄不足五年的；

（六）法律、行政法规规定的其他情形。

《中华人民共和国劳动合同法》第四十五条规定，劳动合同期满，有本法第四十二条规定情形之一的，劳动合同应当续延至相应的情形消失时终止。但是，本法第四一二条第二项规定丧失或者部分丧失劳动能力劳动者的劳动合同的终止，按照国家有关工伤保险的规定执行。

《中华人民共和国劳动合同法》第八十七条规定，用人单位违反本法规定解除或者终止劳动合同的，应当依照本法第四十七条规定的经济补偿标准的二倍向劳动者支付赔偿金。

对处于孕期、产期、哺乳期"三期"内的女职工，用人单位不得降低其工资、奖金和福利待遇等，不得随意解除或者终止劳动合同。劳动合同期满而孕期、产期、哺乳期未满的，劳动合同应当续延至孕期、产期、哺乳期满再终止。

用人单位违法解除或者终止劳动合同、女职工要求继续履行劳动合同的，用人单位应当继续履行、不得拒绝，并需要赔偿女职工从劳动合同解除日至劳动关系恢复之日期间的工资损失；女职工不要求继续履行劳动合同或者劳动合同已经不能继续履行的，用人单位应当依法支付双倍经济补偿金标准的赔偿金。

如果用人单位对怀孕女职工采取调离原工作岗位、降低工资水平的歧视做法，怀孕女职工可以根据《中华人民共和国劳动合同法》的相关规定，以用人单位擅自调整其工作岗位为由要求解除劳动合同，并要求用人单位支付相应的经济补偿。

需要注意的是，"三期"女职工享有法律规定的解雇特殊保护，但该特殊保护仅限于用人单位不能进行非过错性解雇、经济性裁员和合同到期终止。除此之外，法律就不再进行解雇特殊保护了。

用人单位可以与"三期"女职工协商一致解除劳动合同，也可以对"三期"女职工予以过错性解雇——"三期"女职工存在严重违反用人单位规章制度；严重失职，营私舞弊，给用人单位造成重大损害等情形，用人单位仍可单方解除劳动合同，且无须支付经济补偿金和赔偿金。

三、怀孕女职工享有哪些特殊保护？

《中华人民共和国劳动法》第六十一条规定，不得安排女职工在怀孕期间从事国家规定的第三级体力劳动强度的劳动和孕期禁忌从事的劳动。对怀孕 7 个月以上的女职工，不得安排其延长工作时间和夜班劳动。

《女职工劳动保护特别规定》第六条规定，女职工在孕期不能适应原劳动的，用人单位应当根据医疗机构的证明，予以减轻劳动量或者安排其他能够适应的劳动。

对怀孕 7 个月以上的女职工，用人单位不得延长劳动时间或者安排夜班劳动，并应当在劳动时间内安排一定的休息时间。

怀孕女职工在劳动时间内进行产前检查，所需时间计入劳动时间。

《女职工劳动保护特别规定》第七条规定，女职工生育享受 98 天产假，其中产前可以休假 15 天；难产的，增加产假 15 天；生育多胞胎的，每多生育 1 个婴儿，增加产假 15 天。

女职工怀孕未满 4 个月流产的，享受 15 天产假；怀孕满 4 个月流产的，享受 42 天产假。

《女职工劳动保护特别规定》第八条规定，女职工产假期间的生育津贴，对已经参加生育保险的，按照用人单位上年度职工月平均工资的标准由生育保险基金支付；对未参加生育保险的，按照女职工产假前工资的标准由用人单位支付。

女职工生育或者流产的医疗费用，按照生育保险规定的项目和标准，对已经参加生育保险的，由生育保险基金支付；对未参加生育保险的，由用人单位支付。

为优化人口素质，女性在怀孕期间需要进行各项检查。若按生育就医医疗机构的要求，在劳动时间内进行了产前检查，应视作女职工正常出勤，不得将此作为事假或者病假扣除该时间的工资。需要注意的是，女职工应保留生育就医医疗机构相应的预约或诊疗证明作为出勤依据。

生育保险是国家对怀孕、分娩、流产的女职工给予生活保障和物质帮助的一项社会保障福利，保障她们因生育而暂时丧失劳动能力时的基本经济收入和医疗保健，有助于生育女性恢复劳动能力，重返工作岗位。需要注意的是，生育保险费由用人单位承担，劳动者个人不必支付。

生育保险共有四项内容：

1. 生育津贴：指社保机构对女职工因生育而离开工作岗位期间给予的生活费用。生育津贴是产假工资的替代部分，原则上不能同时领取生育津贴和产假工资。需要注意的是，职工生育津贴不需要缴纳个人所得税。

产假工资是指女职工在产假期间，用人单位为其发放的工资。对于生育保险社会统筹地区缴纳社会保险、在产假期间享受了生育津贴的女职工来说,生育津贴按照"就高不就低"的原则发放:若生育津贴高于本人工资标准,则用人单位不再支付女职工产假工资;若生育津贴低于本人工资标准,则差额部分由用人单位补足。若用人单位未给女职工缴纳社会保险,则用人单位应全额支付女职工产假期间的产假工资。

2. 生育医疗费用:指女职工在孕产期内因怀孕、分娩发生的医疗费用,包括符合规定的产前检查及分娩住院期间诊治妊娠合并症、并发症的医疗费用。

3. 计划生育手术医疗费用:指职工放置或者取出宫内节育器、施行输卵管或者输精管结扎及复通手术、实施人工流产术或者引产术等发生的医疗费用。

4. 国家和本市规定的其他费用。

我国生育津贴的支付方式和支付标准分为两种情况:一是在实行生育保险社会统筹的地区,支付标准按本企业上年度职工月平均工资的标准支付,期限不少于98天;二是在没有开展生育保险社会统筹的地区,生育津贴由本企业或单位支付,标准为女职工生育之前的基本工资和物价补贴,期限一般为98天。部分地区对晚婚、晚育的职业妇女实行适当延长生育津贴支付期限的鼓励政策。

生育保险的承担主体是社会保险部门。全国各地对享受生育保险待遇的必要参保时长的规定并不一致，最短时长是在生育前正常参保缴费满 6 个月，而有的地方政府规定必须正常参保缴费满 12 个月才可以享受生育保险待遇。

需要注意的是，生育保险不仅是女性专享的社保项目。当生育女性因没有参加社保缴费而无法享受生育保险待遇时，如果其配偶属于正常参保人员，就可以由男方申报生育保险待遇。

温馨小贴士

为了促进女性平等就业，推动妇女更加广泛深入参加社会和经济活动，提升社会生产力和经济活力，2019 年 2 月，人力资源和社会保障部、教育部等九部门联合发布了《关于进一步规范招聘行为促进妇女就业的通知》，要求各类用人单位、人力资源服务机构在拟定招聘计划、发布招聘信息、招用人员过程中，不得限定性别（国家规定的女职工禁忌劳动范围等情况除外）或性别优先，不得以性别为由限制妇女求职就业、拒绝录用妇女，不得询问妇女婚育情况，不得将妊娠测试作为入职体检项目，不得将限制生育作为录用条件，不得差别化地提高对妇女的录用标准。国有企事业单位、公共就业人才服务机构及各部门所属人力资源服务机构要带头遵法守法，坚决禁止就业性别歧视行为。

在职场中，当女职工选择隐婚时，实际上是处于一种被动的自我保护状态。当女职工遭遇职场不公，比如用人单位因女职工怀孕而阻碍其职业晋升和评优时，应当向用人单位积极争取，努力展示自己的实力，纠正用人单位的歧视行为。

如果用人单位采用一些不正当手段对怀孕女职工进行"变相"辞退，女职工可以向劳动监察部门举报，勇敢地拿起法律武器维护自己的合法权益。

需要注意的是，女职工应在平时的工作中适当保留相关材料，对用人单位的违法行为进行记录和保存，以便在采取相应的法律措施时，能够提供对自身有利的证据。

21 必须上夜班？哺乳期大忌！

2013年，付英到一家大型物流公司上班，担任仓库管理员。2016年2月，付英开始休产假。2016年8月，产假结束后，公司安排付英继续从事原工作。

由于公司承接了多家电商的物流配送业务，仓库周转出货时间由原来的每天早上8点至晚上5点改为全天24小时不间断出货，仓库管理员的工作时间随之调整为滚动的8小时流水作业，需要白班、夜班交替出勤。由于无法承担夜班工作，仍处于哺乳期的付英向公司提出调整工作岗位的申请。

公司经过了解，发现没有员工愿意与付英调换工作，如果另招新人代替付英上夜班，势必会增加公司的人力成本，于是公司告诉付英要么克服困难坚持夜班出勤，要么停薪留职回家照顾孩子，等哺乳期结束再回来上班。

付英对公司的处理结果不满意，与领导多次沟通后无果。最后，她以公司单方变更工作时间、在自己哺乳期内安排上夜班违反法律规定为由，向劳动争议委员会提出劳动争议仲裁申请，要求解除劳动合同，并要求公司支付经济补偿金60000元。

劳动争议仲裁庭经过审查，认为付英在2016年2月25日生育，哺乳期至2017年2月24日结束，2016年8月1日结束产假回公司上班时，付英仍处于哺乳期，根据相关法律规定，公司不得安排付英从事夜班工作。最终，仲裁庭裁决准许解除双方的劳动合同，公司应向付英支付经济补偿金57800元。

律师谈一谈

哺乳期女职工不仅承担着完成工作任务的职业责任，还承担着哺育下一代的社会责任，亟须得到特殊的保护。

由于哺乳期女职工的身体还没有完全恢复，而且1周岁之内的婴儿无法与母亲长时间分离，哺乳期女职工在这一阶段最重要的任务就是养好身体、哺育婴儿。因此，用人单位不得安排哺乳期女职工从事夜班劳动或延长工作时间，侵占其哺育和休养时间。

本案中，物流公司强行安排付英从事夜班劳动，违反了法律规定，付英主张解除劳动关系并支付经济补偿金于法有据。

我国女性的就业率超过了70%，是世界女性就业率最高的国家。然而，对比欧洲各国女性享受的高额生育津贴和超长育儿假期，我国在职场中任劳任怨、冲锋打拼的女性在孕期、产期、哺乳期"三期"内享受到的生育待遇却是很低的。

我国仍是发展中国家，社会财富还不能为"三期"女职工提供完备充足的保障，需要个人、用人单位和社会保障机构等有所担当——妇女合法理性保障自身权益，全社会尊重爱护妇女，用人单位知法守法依法招用妇女从事各类工作，共同努力保护女性和下一代的健康。千里之行始于足下，就让我们从关爱自己身边的女职工开始吧！

法律这样说

一、哺乳期女职工能否被变相降薪、调岗？

《女职工劳动保护特别规定》第五条规定，用人单位不得因女职工怀孕、生育、哺乳降低其工资、予以辞退、与其解除劳动或者聘用合同。

随着社会经济的快速发展，女性就业比例不断攀升，女性在各个岗位中起着不可或缺的作用。然而，孕期、产期、哺乳期"三期"女职工或多或少会因怀孕、生育、哺乳而对工作效率有所影响，从而在职场中处于弱势。在现实生活中，很多职业女性因为在孕期、产期、哺乳期不能如往常一样出差、加班而受到了不公平对待。

如果不对"三期"女职工进行特殊保护，放任用人单位对"三期"女职工降低工资、恶意调岗、解除劳动关系，就会严重影响"三期"女职工的切身利益，让她们时刻担心自己的工作问题，没有安全感和稳定的情绪，进而影响自己及胎儿、婴儿的健康。因此，我国法律、法规对"三期"女职工进行了特殊保护，让她们能够放心养育孩子、安心踏实工作。

如果女职工在哺乳期不能适应原劳动的，用人单位应当对哺乳期女职工进行特殊优待，根据医疗机构的诊断证明和哺乳期女职工的身体实际情况，减少其劳动量但不减少工资待遇，或者合理安排哺乳期女职工能够适应的其他工作岗位，既能保护哺乳期女职工及其婴儿的身心健康，又能保证哺乳期女职工完成本职工作，不影响用人单位和其他同事的正常工作流程。

二、哺乳期女职工享有哪些特殊保护？

《女职工劳动保护特别规定》第九条规定，对哺乳未满 1 周岁婴儿的女职工，用人单位不得延长劳动时间或者安排夜班劳动。

用人单位应当在每天的劳动时间内为哺乳期女职工安排 1 小时哺乳时间；女职工生育多胞胎的，每多哺乳 1 个婴儿每天增加 1 小时哺乳时间。

《女职工劳动保护特别规定》第十条规定，女职工比较多的用人单位应当根据女职工的需要，建立女职工卫生室、孕妇休息室、哺乳室等设施，妥善解决女职工在生理卫生、哺乳方面的困难。

《中华人民共和国劳动法》第六十三条规定，不得安排女职工在哺乳未满一周岁的婴儿期间从事国家规定的第三级体力劳动强度的劳动和哺乳期禁忌从事的其他劳动，不得安排其延长工作时间和夜班劳动。

国家法律规定哺乳期女职工每天享受 1 小时哺乳假，但是没有具体规定哺乳假是分开使用还是合并使用。一般情况下，用人单位可以根据哺乳期女职工的实际情况灵活安排。有些地区对此作了较为细化的规定，有些地区还可延长哺乳假。

除了法定特别照顾之外，用人单位还应当结合本单位女职工人数和单位实际情况，给予"三期"女职工更多关怀。比如，尽量改善哺乳期女职工的膳食和工作环境，提供饮用热水，保证工作场所空气新鲜、干湿适宜、阳光充足等；对于从事立位作业的哺乳期女职工，在其工作场所设置休息座位，安排其进行工间小休等。

此外，用人单位应充分理解女职工因哺乳需求造成的出差不便、加班受限等问题，要为哺乳期女职工提供方便，缓解她们的身心压力，帮助她们平衡工作和家庭，顺利健康地度过婴儿的关键养育期和自身的身心恢复期。

温馨小贴士

《女职工劳动保护特别规定》的颁布实施有力地保护了女职工的平等就业、职业安全和生命健康权益，让女职工在个人处于弱势的"三期"内不用担心失业，为女性的脆弱时刻提供了一份特殊的保护。

给予哺乳期女职工特殊照顾，看似增加了用人单位的人力成本，但用人单位不能目光短浅地看待问题。为女性孕育后代提供特殊保护和更多保障，不仅能体现用人单位的社会责任感，树立用人单位的良好形象，打造和谐的劳动关系和企业文化，而且具有提升国民素质的战略意义。

随着互联网的不断发展,居家办公成为很多用人单位的弹性用工方式。用人单位可以灵活设置哺乳期女职工的出勤时间和出勤方式,允许哺乳期女职工居家办公,甚至可以人性化地补贴部分保育费用,这既是用人单位节省用工成本的手段之一,也是提高哺乳期女职工工作效率的有效方式。

此外,一些用人单位与早教、幼儿托管等机构合作开办自己的育儿中心,职工可以在上班期间把孩子委托给这些专门的幼儿照料机构看护,哺乳期女职工还可以利用休息时间给孩子哺乳,这种办公、带娃两不误的方式既可以提高员工的工作效率和工作满意度,又有利于孩子健康成长,营造良好的工作氛围。

需要注意的是,"三期"女职工确实需要用人单位和整个社会的特殊关怀,但"三期"女职工不能以此为"免死金牌",随意违反用人单位的规章制度。实际上,一旦构成严重违反用人单位规章制度或者严重违反劳动纪律的行为,用人单位就可以随时与"三期"女职工解除劳动合同,而且无须支付任何经济补偿。

广大读者如有法律问题需要咨询,可以扫描"山东祥天律师事务所"微信公众号二维码,免费获得专业的法律指导。